EVANGELHO DO CRISTO CÓSMICO

Leonardo Boff

EVANGELHO DO CRISTO CÓSMICO

A Busca da Unidade do Todo
na Ciência e na Religião

EDITORA RECORD
RIO DE JANEIRO • SÃO PAULO

2008

CIP-BRASIL. CATALOGAÇÃO-NA-FONTE
SINDICATO NACIONAL DOS EDITORES DE LIVROS, RJ

B661e   Boff, Leonardo, 1938-
      Evangelho do Cristo cósmico : a busca da unidade do Todo na
  ciência e na religião / Leonardo Boff. - Rio de Janeiro : Record, 2008.

      Inclui bibliografia
      ISBN 978-85-01-08051-6

      1. Jesus Cristo - História das doutrinas - Século XX. I. Título.

07-3127   CDD 232.9
                                             CDU 232.9

Copyright © by Animus/Anima Produções Ltda., 2008.

Caixa Postal 92144 - Itaipava, Petrópolis, RJ - Cep 25741-970
Assessoria Jurídica do autor: Cristiano Monteiro de Miranda
(cristianommiranda@terra.com.br)

Projeto gráfico de miolo: ô de casa
Capa: Adriana Monteiro de Miranda

Todos os direitos reservados. Proibida a reprodução, armazenamento
ou transmissão de partes deste livro, através de quaisquer meios,
sem prévia autorização por escrito.

Direitos adquiridos desta edição pela
EDITORA RECORD LTDA.
Rua Argentina, 171 - Rio de Janeiro, RJ - 20921-380 - Tel.: 2585-2000

Impresso no Brasil

ISBN 978-85-01-08051-6
PEDIDOS PELO REEMBOLSO POSTAL
Caixa Postal 23.052 - Rio de Janeiro, RJ - 20922-970

Impresso no Brasil

2008

Ao bispo Dom Luiz Flávio Cappio,
que, na tradição de São
Francisco, ofereceu sua vida para
salvaguardar a natureza.

SUMÁRIO

INTRODUÇÃO 11

Capítulo I
A BUSCA DA UNIDADE DO TODO NA CIÊNCIA CONTEMPORÂNEA

1. Bases para uma Unidade do Todo 18
2. As Teorias de Tudo 21
3. Os impasses das Teorias de Tudo 23

Capítulo II
TEILHARD DE CHARDIN: A CIÊNCIA EM BUSCA DO CRISTO CÓSMICO

1. Cristologia e evolução 30
2. Evolução da cristologia? 32
3. Cristologia na evolução 35
   3.1 Encarnação-ressurreição e cosmos 35
      3.1.1 A tangibilidade 37
      3.1.2 A expansibilidade 38
      3.1.3 O poder assimilador 38
   3.2 Eucaristia e cosmos 39
   3.3 Da cosmogênese à cristogênese 42
      3.3.1 O cósmico 42
      3.3.2 O humano 43
      3.3.3 O crístico 45
   3.4. Igreja e cosmos 46
   3.5. Et tunc erit finis: e então será o fim – a teosfera 47
4. Conclusão 47

Capítulo III
EM DEFESA DO PENSAR MÍTICO: O MITO DE UMA REALIDADE

1. O ressurgimento de um velho mito? 55
2. Raízes vivenciais e místicas da cristologia cósmica
   de Teilhard 57
3. Raízes teológicas da cristologia cósmica no cristianismo 60
4. Raízes sistêmicas da cristologia cósmica 64
5. O nascimento de um mito, sua morte e sua reabilitação 67

Capítulo IV
RESPOSTAS DE CARÁTER MÍTICO À UNIDADE DO TODO

Capítulo V
A RESPOSTA-MODELO DE SÃO PAULO: CRISTO CABEÇA DO COSMOS E DA IGREJA 83

1. O problema que desafia São Paulo 85
2. Raízes vivenciais da cristologia cósmica de São Paulo 86
3. A cristologia cósmica de São Paulo como resposta à
   unidade do Todo 89
4. O grau de verdade do Cristo cósmico de São Paulo 95

Capítulo VI
OUTRAS PROPOSTAS À UNIDADE DO TODO

1. A resposta-modelo de um escolástico: Vital du Four,
   um precursor de Teilhard? 105
2. A resposta-modelo de G. Leibniz: Cristo como o
   vínculo substancial 109
3. A resposta-modelo de M. Blondel: um pancristismo
   metafísico 113

Capítulo VII
ALGUMAS RESPOSTAS-MODELO NO PENSAMENTO CONTEMPORÂNEO

1. Cristo, arquétipo da totalidade psíquica: G. Zacharias   123
2. O Ressuscitado na totalidade cósmica: K. Rahner   125
3. Cristo, atrator das energias cósmicas: A. Haas   125
4. O Cristo cósmico, conector do macro e do microcosmo: M. Fox   127
5. O Cristo cósmico, redentor da evolução: J. Moltmann   129

Capítulo VIII
A REALIDADE DE UM MITO:
O COMO E O ONDE DE UMA CRISTOLOGIA CÓSMICA

Capítulo IX
A DERRADEIRA FUNDAMENTAÇÃO TEOLÓGICA DO CRISTO CÓSMICO

Capítulo X
É O CRISTO CÓSMICO MAIOR QUE JESUS DE NAZARÉ?

1. Categorias universalistas do cristianismo   157
2. O risco de um colonialismo cristão?   157
3. Um cristianismo que ultrapassa o "cristianismo"   158
4. Dois caminhos para entender a Encarnação   160
5. O "crístico" e o cristão   160
6. Outras figuras do "Cristo cósmico" na história   162

CONCLUSÃO: ESPIRITUALIDADE CÓSMICA   169

BIBLIOGRAFIA   175

INTRODUÇÃO

O surgimento do pensar ecológico, especialmente a partir dos anos 1960, e a consciência de nossa responsabilidade pelo futuro da vida, dos ecossistemas, da humanidade e do planeta Terra como um todo alarmaram as consciências, suscitaram discussões científicas, exigiram políticas novas quanto à relação entre desenvolvimento e meio ambiente e desafiaram também as religiões e as tradições espirituais. Elas são chamadas a dar uma colaboração substancial, pois podem educar seus fiéis e professores a assumir atitudes de mais benevolência e de respeito para com a natureza e de veneração para com o Universo.

No âmbito cristão se resgatou uma antiga tradição: a do Cristo cósmico. Os conhecimentos oferecidos pela nova cosmologia nos permitem afirmar que Cristo é parte do Universo, está situado na nossa galáxia, participa do sistema solar e é filho da Terra, membro da família humana e representante da etnia semita. Textos que remontam aos inícios do cristianismo, especialmente nas reflexões de São Paulo, apresentam-no como cabeça do cosmos, pois se professa que tudo foi feito por ele, nele e para ele.

Se a encarnação enraizou o Filho de Deus, anunciado como o Cristo e o Salvador, num determinado lugar, numa família humana, num povo, na humanidade, a ressurreição lhe conferiu dimensões cósmicas. Ele, segundo a referida tradição, enche tudo, pois é a plenitude de todas as coisas, que encontram nele sua consistência e subsistência.

Essa visão propiciou o surgimento de uma verdadeira mística cósmica. O Cristo não é encontrado apenas nas Escrituras cristãs, na Igreja ou na hóstia consagrada – seu lugar natural é o cosmos.

E como o cosmos, para nós, é o resultado de um incomensurável processo de evolução, o Cristo também é parte e fruto desse processo. Deve haver sinais dele impressos nas circunvoluções desse já longo caminhar do Universo. Abraçando o mundo, estaríamos abraçando o Cristo. Mas como relacionar o Cristo cósmico com o Jesus histórico? Haverá outras figuras históricas às quais seja possível atribuir a qualificação de Cristo? Cristo seria então maior que Jesus? Todas essas questões são inevitáveis e serão discutidas neste livro.

Quem modernamente ressuscitou a visão do Cristo cósmico e introduziu a distinção entre o "crístico" e o "cristão" foi o paleontólogo e místico francês Pierre Teilhard de Chardin (†1955). Nele há um pressuposto fundamental: se o cristianismo não é nenhuma ideologia, mas uma palavra essencial sobre a realidade que vivemos em sua última radicalidade, então deve mostrar-se de alguma forma num fenômeno. Esse fenômeno seria o cristianismo de forma explícita e de outras formas em outras tradições espirituais. Se a fé diz que tudo é criado *em*, *por* e *para* Cristo, que tudo tem sua consistência essencial e existencial em Cristo, e se isso for verdade, então deve poder ser compreendido e notado de alguma forma.

O mundo não é assim tão hermeticamente fechado que não traga consigo indícios reveladores dessa profundidade crística. A obra de Teilhard visa a recolher esses indícios e a articulá-los sistematicamente. O mundo não é tanto a *epi-fania* mas a *dia-fania* dessa realidade sagrada.

A cristologia cósmica não visa apenas a entender as dimensões da realidade do Cristo que alcançam até o Universo, mas quer também responder a uma indagação que está sempre presente no espírito humano: qual é o fator, a energia, o elo que faz com que o Universo seja um cosmos, e não um caos; que apresente uma surpreendente unidade no interior mesmo de sua incomensurável diversidade de seres, de estrelas e de galáxias?

Essa questão é suscitada permanentemente pela Ciência contemporânea, especialmente pelos físicos teóricos e pelos cosmólogos. Todos eles empenham seus melhores esforços na elaboração de uma Teoria de Tudo, como veremos no primeiro capítulo. Essa Teoria nos permitiria compreender as estruturas fundamentais do Universo, nosso lugar nele e, finalmente, o que Deus tinha em mente quando criou tudo o que criou.

Uma vez que essas questões transcendem o alcance dos conceitos e das definições que, por natureza, se apresentam sempre limitados, recorre-se à linguagem dos mitos, que é mais abrangente e sugestiva. Seguiremos também por esse caminho. Entretanto recuperaremos o sentido positivo de mito como a filosofia e a antropologia contemporâneas o elaboraram.

Ao abordarmos o tema do Cristo cósmico tomaremos como referência maior a versão de Teilhard de Chardin, e rastrearemos seus antecedentes na Bíblia hebraica, nos textos do Novo Testamento e na tradição teológica, filosófica e científica, até os dias atuais. O interesse não é apenas historiográfico, mas principalmente existencial: como conceber a Unidade do Todo? Por que caminhos ela se revela? Como o cristianismo elabora a sua resposta?

A pretensão final de nossa investigação é reforçar uma leitura holística e integradora da realidade, e encorajar uma mística cósmica que abrace as ciências, as religiões, as tradições espirituais e a sensibilidade ecológica contemporânea.

A base é o nosso primeiro livro publicado já em 1971 sob o mesmo título, o *Evangelho do Cristo Cósmico*, mas profundamente modificado e enriquecido, de sorte que se tornou efetivamente um novo livro.

Petrópolis, festa de São Francisco, patrono da ecologia.
4 de outubro de 2006.

Capítulo I

A BUSCA DA UNIDADE DO TODO NA CIÊNCIA CONTEMPORÂNEA

Há um anseio irreprimível no espírito humano por uma visão total e por uma ordem que permaneça mesmo dentro das desordens que constatamos e vivenciamos. Deve haver uma ordem subjacente que guarda a tranqüilidade das águas profundas do mar. A desordem existe: ela pode ser generativa, mas é para nós inaceitável, e, por isso, algo que deve ser superado.

Concretamente vivemos no fragmento. Mas o que buscamos, na verdade, é um Todo. Os grandes sistemas religiosos e filosóficos procuram construir essas visões totalizantes.[1] Não há religião que não elabore sua cosmologia, como o notou com acerto Emile Durkheim, quer dizer, que não ofereça o aconchego de uma Totalidade dinâmica e orgânica.[2] A grande tradição filosófica sempre buscou um sistema explicativo de todo o ser, de sua origem, de seu devir e de sua plena realização.

A Ciência moderna não escapa dessa insaciável busca. Desde que Newton introduziu o efetivo matematismo da natureza, surgiu o intento de uma "Teoria de Tudo" (TOE: *Theory of Everything*), também chamada de Teoria da Grande Unificação (TGU), um quadro que abrangesse todas as leis da natureza e que nos brindasse com a explicação final do Universo. Qual fórmula nos faria entender de modo imediato e simples a lógica interna de todo o processo cósmico dentro do qual nós mesmos nos encontramos?

Hoje os cientistas recorrem a duas teorias básicas para descrever o Universo: a teoria da relatividade geral de Einstein e a física quântica de Planck/Bohr/Heisenberg. Ambas as teorias, porém, são parciais e sabidamente de difícil conciliação.

A teoria da relatividade geral trata da gravidade e da estrutura macroscópica do Universo em toda a sua extensão (1 com 24 zeros depois dele). A física quântica se dedica ao mundo microscópico, às partículas e subpartículas com um milionésimo de milionésimo de centímetro (quarks, prótons, elétrons, nêutrons e átomos).

Como combinar as duas grandezas, o infinitamente grande com o infinitamente pequeno? Busca-se uma teoria que englobe todas as energias e redes de relações; especialmente imagina-se que uma teoria quântica da gravidade guardaria o segredo da Teoria da Grande Unificação, pois uniria as duas visões – a da relatividade geral de Einstein e a da física quântica de Planck/Bohr/Heisenberg. Mas essa união até hoje não foi alcançada.

Ora, se se parte da premissa de que o Universo não é totalmente caótico e arbitrário, mas se rege por leis que garantem sua harmonia e dinâmica, apesar das incertezas de cunho quântico, então dever-se-á descobrir a fórmula secreta dessa incomensurável unidade.

1. Bases para uma Unidade do Todo

Há bases objetivas que permitem à Ciência buscar uma Teoria de Tudo.

Em primeiro lugar, há a *energia do vácuo quântico*. Esse vácuo é tudo, menos vazio. Trata-se daquela energia de fundo, indecifrável, em permanente flutuação, da qual emergem todas as demais energias, partículas e seres. É o Abismo alimentador de todo o

Universo, a Fonte originária de tudo o que existe. O próprio pontozinho, densíssimo de energia e de elementos primordiais que num determinado momento explodiu (*big bang*) é já uma manifestação da energia do vácuo quântico. Ela está sempre presente em todo o processo evolucionário, atua em cada ser e age dentro de nós. Tudo vem dela e regressa a ela. Ela é como um fio condutor que une e reúne, liga e religa todas as coisas, constituindo-as em redes complexas de relações e em sistemas com seus subsistemas. Ela é o grande unificador de tudo. Mas ela mesma nos escapa, pois vem antes do espaço e do tempo. Ela precede o Universo e o sustenta em cada momento.[3]

Em segundo lugar, há a *teoria especial da relatividade* (1905) de Albert Einstein, que situa o espaço e o tempo em pé de igualdade. Mais ainda: estabelece que massa e energia se equivalem, o que é expresso na famosa equação $E = mc^2$, em que c é a velocidade da luz, m é a massa das partículas em movimento e E é sua energia. Em outras palavras: matéria propriamente não existe. O que realmente existe é energia em distintos graus de densidade, desde a mais sutil até a mais compacta, que é a matéria, campo de grandíssima interação.[4]

Em terceiro lugar, projetou se a *teoria-M* (teoria Mater/mãe), que questiona a compreensão oficial do núcleo do átomo circundado por prótons, elétrons e outras subpartículas. Na verdade, tais realidades subatômicas são cordas ou supercordas que vibram e se deslocam para distintos níveis, fazendo com que o espaço-tempo ganhe 11 dimensões. Stephen Hawking esclarece que existe até uma corda cósmica, "objeto longo e denso com um minúsculo corte transversal que pode ter sido produzido nos estágios iniciais do Universo; uma corda individual poderia se estender por todo o Universo".[5] A teoria-M procura reunir as várias teorias existentes entre os físicos teóricos acerca das supercordas em um único modelo, tendo por base a unificação da física quântica com a relatividade geral.

Em quarto lugar, existe a chamada *constante cosmológica*. Ela sustenta que todos os seres do Universo, e nós também, somos compostos das mesmas energias e dos mesmos elementos que estavam presentes naquele pontozinho "infinitamente" pequeno que depois explodiu, lançando seu conteúdo em todas as direções. Formaram-se em seguida as grandes estrelas vermelhas que, por 4 a 5 bilhões de anos, funcionaram como fornalhas dentro das quais se forjaram quase todos os elementos da escala periódica de Mendeleiev (aproximadamente 92). Elas também explodiram e projetaram em todas as direções tais elementos, que vieram a formar as galáxias; as estrelas, como o nosso Sol; os planetas, como a Terra, e os demais seres que constituem o Universo tal qual o conhecemos hoje. Diz-se que o Universo é *isomorfo*, quer dizer, é constituído pelos mesmos elementos físico-químicos. Isso inclui todos os seres, inclusive nós, seres humanos, pois somos parte do Todo. Há, pois, uma profunda unidade de base no cosmos.[6]

Em quinto lugar, tem-se a *contribuição da biologia*. Quando Francis Crick e James Watson, no laboratório Cavendish, em Cambridge, descobriram o código genético, o DNA, base de toda a vida na Terra, constataram, com grande surpresa de toda a comunidade científica mundial, que todos os seres vivos possuem algo em comum: os mesmos vinte aminoácidos e os quatro tipos de ácidos nucléicos (citosina, guanina, timina e adenina). A combinação diferenciada dessa base comum origina e explica a biodiversidade. Por isso, fundamentalmente, todos somos parentes, primos e irmãos e irmãs. Formamos a comunidade de vida da qual, nós humanos, somos um elo. Há, pois, uma profunda unidade no reino da vida. Essa unidade não existiria se não houvesse uma sutilíssima dosagem de todos os elementos físico-químicos e energéticos que permitiram o surgimento da vida. Caso contrário, não estaríamos aqui escrevendo sobre essas coisas.[7]

Em sexto lugar, confrontamo-nos com as quatro energias fundamentais que perpassam, dão sustentabilidade, dinamismo e direção a todo o Universo: a energia gravitacional, a energia eletromagnética, a energia nuclear fraca e a energia nuclear forte. Que são essas energias? A Ciência não elaborou nenhuma explicação satisfatória sobre sua natureza, pois existe aí uma redundância e petição de princípio: precisamos delas para existir e formular a pergunta sobre o que elas, na verdade, são. Pressupõe-se que elas sejam o desdobramento de uma energia originária, energia X, presente no momento da grande explosão.

O que sabemos, entretanto, é que elas agem sempre sinfonicamente e inter-relacionadas. Mas não descobrimos as leis que presidem essa articulação de todas com todas. Sem elas, nada do que existe existiria. Elas conferem unidade ao processo cósmico.[8] Mas como entender essa unidade se não conhecemos sua natureza, apenas captamos seus efeitos?

É no estudo dessas quatro energias primordiais e das possíveis relações que se estabelecem entre elas que se elabora hoje a Teoria da Grande Unificação (TGU), ou as Teorias de Tudo.

2. As Teorias de Tudo

Há dois livros clássicos que resumem os caminhos e descaminhos dessa questão: o de John D. Barrow, *Teorias de Tudo. A busca da explicação final*,[9] e o de Abdus Salam, Werner Heisenberg e Paul A. M. Dirac, *A unificação das forças fundamentais. O grande desafio da física contemporânea.*[10]

Sabemos que os últimos anos de Albert Einstein foram dedicados, quase obsessivamente, a essa questão, sem alcançar nenhum resultado satisfatório.[11]

Recentemente a matéria é retomada com especial vigor por Stephen W. Hawking em seus dois livros: *Uma breve história do tempo. Do big bang aos buracos negros*,[12] e sua continuação, anos após, com *Uma nova história do tempo*, em colaboração com Leonard Mlodinow.[13]

Logo no início dá-se conta da dificuldade da tarefa, pois, consoante a física quântica, o princípio de indeterminação (*unbestimts-*

barkeitsprinzip) parece ser uma marca fundamental do Universo tal qual o conhecemos. Como enquadrar numa única fórmula realidades que são, por princípio, indetermináveis, incertas e potenciais?

Os pesquisadores da Teoria de Tudo se concentram na unificação das quatro forças ou energias fundamentais do Universo.[14]

A primeira delas é a força *gravitacional*, que fascinou Isaac Newton. Ele afirma que a força de atração entre dois corpos é proporcional ao produto de suas massas e inversamente proporcional à sua distância; depois essa compreensão foi suplantada pela relatividade geral de Einstein, entendendo-a como a curvatura do espaço-tempo. Ela é a mais fraca das forças mas, por outro lado, é a mais universal de todas, pois se estende por todo o Universo e mantém o equilíbrio das galáxias, das estrelas, dos planetas e de todos os corpos celestes.

A segunda força é a *eletromagnética*, que representa a unificação da eletricidade com o magnetismo e foi operada nas décadas de 1820 e 1830 por Faraday e Ampère, e de forma mais consistente por Maxwell. É chamada também de "força da vida", pois toda ligação química tem nela sua origem e ela se aplica a todos os fenômenos de impulsos nervosos. É a força que surge entre partículas com carga elétrica, como os elétrons e os quarks (a menor partícula existente). Ela é extremamente forte. Assim, por exemplo, a força eletromagnética entre dois prótons é trilhões de vezes mais forte que a força gravitacional (1 com 24 zeros depois dele). É essa força que faz com que os elétrons girem ao redor do núcleo do átomo, semelhantemente à Terra, que pela força gravitacional gira ao redor do Sol.

A terceira força é a *nuclear fraca*, responsável pela radioatividade. Ela desempenha um papel decisivo na produção da energia pelo Sol. Foi unificada em 1967 por Abdus Salam e Steven Weinberg com a força eletromagnética, permitindo entender melhor o decaimento dos núcleos atômicos.

A quarta força é a *nuclear forte*, a mais poderosa de todas as forças. Ela é responsável por conectar os quarks dentro dos prótons e dos nêutrons e por manter os prótons e nêutrons juntos no núcleo do átomo. Sem essa força, os núcleos atômicos se dispersariam, causando uma verdadeira catástrofe cósmica. Por isso é uma força que mantém unido e coerente o nosso cotidiano.

As três últimas forças puderam ser unificadas na base da física quântica. A única que resiste é a gravitacional, pois escapa à teoria quântica, quer dizer, não cai sob o princípio da indeterminação e da incerteza. Daí ser impossível chegarmos a uma Teoria de Tudo.

3. Os impasses das Teorias de Tudo

Essa impossibilidade se tornou ainda mais problemática com o teorema da incompletude do grande matemático Gödel. Ele mostrou, ainda em 1931, que dentro de um sistema formal de axiomas, como por exemplo a matemática, sempre persistem pressupostos que sustentam os axiomas e que, por isso, não podem nunca ser explicados com o recurso desses mesmos axiomas. Tudo parte de pressupostos. Sobre eles se monta o saber e a Ciência. Esses pressupostos não entram no sistema e por isso demonstram o caráter de não-plenitude de todo saber e de todo o sistema.

Mas o sonho de uma Teoria de Tudo continua entre os físicos teóricos como Hawking e outros. Ele repete em seu último livro, *Uma nova história do tempo,* o que havia escrito, alguns anos antes, em *Uma breve história do tempo*: "Se realmente descobrirmos uma teoria completa, seus princípios gerais deverão ser, no devido tempo, compreensíveis para todos, e não apenas para uns poucos cientistas. Então, todos nós, filósofos, cientistas e simples pessoas comuns, seremos capazes de participar da discussão de por que é que nós e o Universo existimos. Se encontrássemos uma resposta para essa pergunta, seria o triunfo último da razão humana – porque então conheceríamos a mente de Deus."[15]

Se atentarmos bem, toda essa busca incansável é uma questão surgida da física em sua expressão matemática e axiomática. Sua limitação é imaginar que tudo pode ser reduzido à física (clássica ou quântica) e traduzido na linguagem da matemática.

A realidade, no entanto, se apóia, sim, na física, mas vai muito além dela. Por isso, John Barrow em seu clássico *Teorias de Tudo, a busca da solução final* é muito mais modesto ao reconhecer: "Não encontramos nada de matemático com relação a emoções e julgamentos, música e pintura."[16] Toda a vida cotidiana, o que move os seres humanos em sua busca de felicidade e em sua tragédia não cabem na concepção física do "Tudo".

O que nos preocupa mesmo não é tanto a grandeza quase infinita dos espaços siderais ou subatômicos, mas as indagações existenciais do coração, da solidão, das dificuldades de comunicação com os demais seres; a falta de sintonia com o palpitar da vida do outro e a possibilidade bem-aventurada de celebração da vida e do amor. Essas são as questões cujas respostas podem unificar ou desintegrar nosso mundo pessoal e social – com referência a nós mesmos, aos outros, à natureza e ao Universo.

Pouco se me dá a imensidão dos espaços cósmicos cheios de pó sideral, de grávitons, elétrons, neutrinos e átomos, se meu coração está infeliz por não poder dar amor a quem se ama, por não encontrar o consolo de Deus e ter perdido o sentido da vida.

Aqui outro é o discurso e outros são os especialistas a ser invocados. Dessas questões de vida e de morte falam os textos sagrados de todas as religiões e das tradições espirituais.

Sabiamente conclui Barrow: "Não há fórmula capaz de nos fornecer toda a verdade, toda a harmonia, toda a simplicidade. Nenhuma Teoria de Tudo poderá jamais permitir uma compreensão total. Pois o ver através de todas as coisas nos deixaria sem ver coisa alguma."[17]

Houve, entretanto, um grande físico teórico, também portador do Nobel em Física, que escapou desse tipo de reducionismo e que cabe aqui citar. É David Bohm, que dedicou parte de sua vida e de sua atividade científica a essa questão da totalidade. Em seu livro *A totalidade e a ordem implicada* sustenta a tese de que debaixo de todos os fenômenos vigora uma "totalidade indivisa". Ele usa as expressões "ordem implicada" e "ordem explicada".[18]

Todos os fenômenos seriam como um redemoinho – a ordem explicada – e se realizariam dentro da correnteza – a ordem implicada. Embora sejam distintos, não há separação nítida entre o redemoinho e a correnteza. Mas é a correnteza que permite o redemoinho. As ordens visíveis remetem a uma ordem subjacente da qual são expressão. Essa unidade de fundo faz com que o Universo seja uno mesmo dentro da imensa diversidade de seres e de ordens.

David Bohm cita, a propósito de sua teoria, o curto poema do inglês William Blake que exemplifica a ordem implicada, captada por sua visão mística:

> Ver o mundo num grão de areia
> E o paraíso numa flor do campo
> Segurar o infinito na palma da mão
> E a eternidade numa hora.

Articular as duas ordens é situar-se na dinâmica do Universo. O que o místico capta por uma experiência espiritual, o cientista detecta por um experimento científico.

Vejamos agora como o cristianismo encarou essa questão da unidade do Todo. Tomaremos como guia mestre o cientista, paleontólogo e místico padre jesuíta Pierre Teilhard de Chardin. A partir dele, releremos o passado e veremos outros modelos semelhantes que podem nos iluminar nessa complexa questão.

Notas

1. Ver para essa questão o livro de Anna F. Lemkow, *O princípio de totalidade. A dinâmica da unidade na religião, ciência e sociedade*, São Paulo, Aquariana 1992, e E., Laszlo, *Conexão cósmica*, Petrópolis, Vozes, 2001.
2. E. Durkheim, *Les formes élémentaires de la vie réligieuse*, Paris, PUF, 1968, p. 611.
3. Para toda essa parte, ver B. Swimme e T. Berry, *The Universe Story. From the Primordial Flaring Forth to the Ecozois Era*, San Francisco, Harper, 1992.
4. C. F. Weizsäcker, *La imagen física del mundo*, Madri, BAC 366, 1970.
5. Stephen Hawking, *O Universo numa casca de noz*, São Paulo, Mandarim, 2001, p. 203.
6. S. Weinberg, *Os três primeiros minutos. Uma análise moderna da origem do mundo*, Lisboa, Gradiva, 1987.
7. J. Watson, *DNA. O segredo da vida*, São Paulo, Companhia das Letras, 2005.
8. H. Pagels, *The Cosmic Code. Quantum Phisics as the Language of Nature*, Nova York, Simon and Schuster, 1982.
9. Rio de Janeiro, Jorge Zahar Editor, 1994.
10. Rio de Janeiro, Jorge Zahar Editor, 1993.
11. A. Robson, *Einstein. Os 100 anos da teoria da relatividade*, Rio de Janeiro, Elsevier, 2005, especialmente o capítulo sexto: "A busca por uma teoria de tudo", p. 95-108.
12. Rio de Janeiro, Rocco, 1998.
13. Rio de Janeiro, Ediouro, 2005.
14. Para toda essa parte, ver Abdus Salam, *A unificação das forças fundamentais*, p. 22-30.
15. *Uma nova história do tempo*, p. 145.
16. J. Barrow, *Teorias de Tudo*, p. 272.
17. *Idem*, p. 277.
18. Routledge Londres e Paul Kegan, 1980. Ver também, do mesmo autor, *Ciência, Ordem e Criatividade*, Lisboa, Gradiva, 1989.

Capítulo II

TEILHARD DE CHARDIN: A CIÊNCIA EM BUSCA DO CRISTO CÓSMICO

Encontramos em Teilhard de Chardin um corpo de idéias que sempre esteve em sua mente, desde que começou a pensar. Idéias que jamais abandonou em sua vida e para as quais se voltou com renovada insistência, enriquecendo a intuição fundamental com novos dados e mais harmonização com o todo. Uma dessas idéias, sem dúvida das mais fundamentais, é sobre Cristo.

Já em 1924 podia confessar que toda a sua atividade científica não tinha outra finalidade senão descobrir os revérberos do Coração de Cristo no coração da matéria. Em 1947, numa carta impressionante, dizia: "O meu interesse real na vida é mover-me irresistivelmente para uma mais e mais intensa concentração sobre a questão básica das relações entre Cristo e a hominização. Isso tornou-se para mim uma questão de *to be or not to be*."[1] No final da vida, em sua última profissão de fé, legou-nos seu testamento sobre esse tema, dizendo: "Há muito tempo que, já na *La Messe sur le Monde* e no *Milieu Divin*, tentei, em face dessas perspectivas apenas formadas em mim, fixar minha admiração e minha preocupação. Hoje, depois de quarenta anos de reflexão contínua, é ainda exatamente a mesma visão fundamental que sinto necessidade de apresentar, fazer participar, sob sua forma amadurecida, ainda uma vez. Talvez com menos frescura e exuberância de expressão que no momento de seu primeiro encontro. Mas sempre com o mesmo deslumbramento e a mesma paixão."[2] E as "última verba" de Teilhard, escritas na Quinta-Feira Santa, antes de ir ao encontro d'Aquele que vem, no domingo da Ressurreição, dá-nos a conhecer seu credo essencial: "Eis os dois artigos de meu credo: o Universo é centrado evolutivamente *en Haut* e *en Avant*. Cristo é o Centro dele: Fenômeno cristão, Noogênese = Cristogênese (= Paulo)."[3]

1. Cristologia e evolução

A afirmação anterior nos aponta em que perspectiva Teilhard enfoca o problema da doutrina sobre Cristo (cristologia). Não se trata mais de um Cristo crido, pensado e amado dentro de uma cosmovisão estática e supranaturalística, em que os problemas da cosmogênese e das relações de Cristo com a evolução são apenas epígonos do tratado sobre Cristo. O problema diante do qual se coloca o ser humano de hoje, habituado a ver o mundo em evolução, é o seguinte: "O Cristo evangélico, imaginado e amado dentro das dimensões de um mundo mediterrâneo, é ainda capaz de abranger e de centrar nosso Universo, prodigiosamente engrandecido?"[4] Como integrar nossa fé no Cristo cósmico, de quem o autor das epístolas aos colossenses e efésios dizia que tudo foi criado por Ele, n'Ele e para Ele, e que tudo possui n'Ele sua consistência (Cl 1,15-17), de forma que Ele é a cabeça de todas as coisas (Ef 1,22b, cf 1,10)?[5] Para utilizar uma formulação concisa e contundente de Teilhard: "O que deve tornar-se nossa Cristologia para permanecer ela mesma dentro de um Mundo novo?"[6]

Urge, pois, restituir, dentro de nosso mundo concebido, em termos de evolução ascendente, como é desenvolvido hodiernamente, a partir da astrofísica, da astronomia, da nova biologia molecular e genética e da ecologia integral, aquele senhorio cósmico ao Cristo, que João, Paulo e a epístola aos hebreus lhe atribuíram dentro de suas cosmovisões pré-científicas e estáticas. Para realizar essa tarefa, Teilhard se sente chamado como um profeta; ele suplica a Deus que o faça "o apóstolo e (se ouso dizê-lo) o evangelista de vosso Cristo no Universo",[7] pois "neste Evangelho do Cristo cósmico reside, talvez, a salvação dos tempos modernos".[8]

Ao ouvir as perspectivas cósmicas do teólogo medieval franciscano João Duns Scotus, em suas palestras com Allegra, em Pequim, Teilhard exclamava entusiasmado: "Voilà la théologie cosmique, la théologie de l'avenir."[9] Ele está convencido de que só um Cristo pensado e amado no coração da matéria poderá capitalizar o ser humano moderno e falar-lhe intimamente. Por isso, em 1936, ele se propunha a si e a todo pensar religioso moderno a seguinte tarefa:

a) Desenvolver uma correta física e metafísica da evolução. Uma interpretação exata dos dados leva a descobrir um princípio espiritual como estrutura orientadora da evolução, e esta dominada por um *Centro Pessoal* de convergência universal.

b) Articular uma cristologia que tome em consideração as dimensões do mundo de hoje. Não cosmos, mas cosmogênese. O Cristo, revelado pelo dogma, por São João e São Paulo, é o centro universal e cósmico. Tal fato seria, para o físico e o metafísico, uma hipótese legítima; para o crente, um fato real.

c) Desenvolver uma mística e uma moral em decorrência disso, isto é, um evangelismo de conquista humana.[10]

Toda a sua atividade de pensador e místico, Teilhard a dedicou em cumprir esse programa. Nisso sofreu, lutou e labutou interior e exteriormente. Ele mesmo confessava que o grande acontecimento de sua vida fora "a gradual identificação, no céu da minha alma, de dois sóis: sendo um desses astros o cume cósmico postulado por uma evolução generalizada, de tipo convergente, e estando o outro formado pelo Jesus ressuscitado da fé cristã".[11] Nessa teologia, "num combate que travou contra si mesmo e que ganhou",[12] encontrou oponentes e uma atmosfera hostil que o reduziram, por quase quarenta anos, ao silêncio da China distante. Amava a Igreja que não o favorecia, a ponto de dizer: "Bem-aventurados os que sofrem por não verem a Igreja tão bela quanto desejariam, e, apesar disso, se mostram mais submissos e suplicantes."[13] Sua ligação à ordem dos Jesuítas, ele a entendia como "o ponto de inserção e de ação no Universo";[14] a ela foi fiel até a morte, a despeito de todas as dificuldades que os superiores lhe prepararam.

2. Evolução da cristologia?

Antes da exposição da cristologia cósmica de Teilhard, convém que nos confrontemos com uma crítica surgida de muitos lados, sobre a ortodoxia de sua cristologia cósmica.

Com efeito, a grande crítica que se move ao sistema de Teilhard se resume na afirmação de que a dinâmica interna de sua visão faz incluir, dentro do processo evolutivo, o mistério de Cristo e de seu Corpo Místico, bem como de toda a realidade sobrenatural. A evolução – parece – desemboca na cristogênese, como a cosmogênese e a biogênese fazem emergir a noogênese. E isso pela lei intrínseca da evolução.

Para quem vem da ortodoxia tradicional, a objeção parece consistente e, de fato, muitos são os que, por causa disso, o atacaram e não poucos os que o defenderam, mas sempre a duras penas. O ponto central da reserva da Igreja, manifestado por meio do *Monitum* do Santo Ofício de 30 de junho de 1962,[15] encontra nessa objeção toda a sua razão.

A crítica, no entanto, perde sua nativa consistência, se situarmos, exatamente, a gênese interior da visão cósmico-crística de Teilhard. Na segunda parte deste ensaio, ocupar-nos-emos, detidamente, com esse ponto. Avançamos aqui apenas o seguinte aspecto: antes que tivesse sido exposta sistematicamente, sua visão foi vivência íntima e profunda. Se lermos com atenção seus primeiros escritos a partir de 1916, *La vie cosmique* e *Le Christ dans la Matière*,[16] então veremos, surpreendentemente, que o primeiro surgido na ordem da concatenação sistemática não é a evolução, a cosmogênese, a biogênese, a noogênese e por fim a cristogênese, senão exatamente o inverso: primeiro Cristo em seu mistério e em sua transcendência religiosa, e só depois e *por causa dele* o homem, a vida e o cosmos. Não foram o cosmos e o ser humano que, evoluindo, produziram Cristo; Cristo produziu o cosmos e o ser humano mediante as leis da evolução, e os atraiu a si.

Se quiséssemos exprimir essa concepção numa linguagem escolástica, diríamos que, para Teilhard, Cristo era e é o *primeiro na intenção*, mas, na exposição científica que elaborou, apareceu, devido às exigências do método, como o *último* na execução. Se apareceu no fim da exposição sistemática, não quer dizer que apareceu no fim na ordem da realidade. Ele já estava lá no fim e para esse fim atraiu tudo a si. Ele não é um produto da evolução, embora na exposição pareça sê-lo. A evolução é produto dele, enquanto ele (Cristo) é o Motor e Ponto Ômega dela. Teilhard, ao longo de toda a vida, jamais afirmou a imanência de Cristo sem afirmar ao mesmo tempo seu correlato, sua transcendência religiosa.

Isso transparece claro já em seus primeiros escritos. No *Le Christ dans la Matière*,[17] de 1916, percebe-se nitidamente como Teilhard passa da meditação do Cristo eucarístico para sua relação com a totalidade do cosmos, como ao redor da hóstia consagrada se organizam todos os seres assim que em sua existência dependem dessa hóstia. No *Milieu Divin*, de 1926, a idéia surge bem figurada: o *Milieu Divin* é identificado com o Verbo Encarnado. É o laço substancial e vivo de tudo, a alma organizadora do Pleroma que *replet omnia* (enche tudo) e *in quo omnia constant* (no qual tudo ganha consistência). O mesmo poder-se-ia dizer dos demais escritos eminentemente cristológicos, como *Christologie et Evolution*, de 1923; *Comment je crois*, de 1934; *Le Christique*, de 1955, e outros tantos.[18]

Com razão, observa C. Tresmontant: "Sob o ponto de vista teológico, pode-se definir a obra de Teilhard como uma tentativa de trazer à luz as pressuposições e as preparações naturais para a perfeição sobrenatural."[19] O Universo todo é naturalmente pré-adaptado a Cristo que há de vir, porque tudo é feito n'Ele, para Ele e por

Ele e, por isso, é pré-adaptado ao seu fim sobrenatural. A obra de Teilhard é consagrada a estudar positivamente as condições cósmicas, físicas, biológicas e antropológicas que definem, numa tentativa arrojada, essa maturação da criação pela qual ela se torna capaz de perceber a plenitude do fim sobrenatural.[20]

Por que se criou, então, a ilusão de uma cristogênese no sentido de uma evolução da noogênese? Isso vale não só para Teilhard, mas também para a visão cristológica de Duns Scotus, sob cuja influência Teilhard claramente está.[21] A ilusão se originou da não-observância da distinção entre a ordem da intenção e a ordem da execução. Teilhard parte primeiramente de sua fé e da vivência concreta dos conteúdos dessa fé. "Certamente eu jamais teria ousado excogitar e formular racionalmente a hipótese do Ponto Ômega, se eu não tivesse encontrado em minha consciência cristã não somente o modelo especulativo, senão também a realidade viva."[22]

Além disso, Teilhard escreve aos "errantibus a via" – aos que estão fora da fé cristã; e escreve uma obra apologética. Isso o obriga a palmilhar um método bem determinado: o primeiro que ele pede ao ouvinte não pode ser um ato de fé, senão um consentimento racional às várias etapas da evolução, em cujo cume se encontra Cristo como Ponto Ômega e centro universal e pessoal. O que a fé diz, e isto é verdadeiro – que Cristo é antes de tudo, tudo é por ele e nele tem sua consistência essencial e existencial –, quer Teilhard fazer plausível aos homens de Ciência. Se a fé não for nenhuma ideologia, então ela deve, *de alguma forma*, se verificar na história e no evoluir da realidade.

O esforço de Teilhard é no sentido de desentranhar e descobrir, no coração da matéria, aquilo que a fé diz do Cristo dos Evangelhos. Com razão, dizia ele: "Para operar a síntese esperada por nossa geração entre a fé em Deus e a fé no mundo, não podemos fazer outra coisa e nada de melhor que ressaltar, dogmaticamente, na pessoa de Cristo, sua face e função cósmicas que O constituem organicamente o princípio motor e diretor, 'a alma' da Evolução."[23]

Esclarecida essa posição fundamental de Teilhard, que o salvaguarda de muitos mal-entendidos e críticas infundadas, podemos passar a expor sua cristologia cósmica.[24]

3. Cristologia na evolução

A cristologia de Teilhard se movimenta em três direções:
- Primeiramente Teilhard estuda as relações entre o Corpo físico de Cristo e o mundo material e a humanidade, abrangendo os mistérios da encarnação, da eucaristia e da ressurreição.
- Numa segunda consideração, Teilhard pergunta-se o significado da morte, do mal físico e do pecado em um contexto de cosmogênese; aqui se inserem os mistérios da Morte e Ressurreição de Jesus.
- Por fim, Teilhard busca relacionar a evolução ascendente e a planetização do mundo com Cristo crido e aceito como o Pleroma, com o Ponto Ômega e a Igreja-corpo-místico-de-Cristo e com a Parusia final.

Ocupar-nos-emos, sumariamente, com a primeira e a terceira[25] direções, omitindo intencionalmente a segunda, porque aí surpreendemos melhor o lugar que ocupa Cristo cósmico dentro de sua concepção. Faremos uma exposição rápida, sim, e objetiva, deixando para a segunda parte deste trabalho a tarefa e a preocupação de entender e de situar o lugar hermenêutico da sua visão.

3.1) Encarnação-ressurreição e cosmos

O realismo da Encarnação, na qual Deus não só tocou a matéria e a vida, mas também assumiu hipostaticamente um pedaço vital dessa matéria, leva-nos a ver o homem Jesus de Nazaré como verdadeira parte de nosso cosmos e de nossa história. A Encarnação parece, com razão, uma "prodigiosa operação biológica". Porque era parte integrante do cosmos, o homem Jesus de Nazaré entra e participa no processo evolutivo deste mundo. Isso está implicado na fé, numa concepção realista – e não docetista (que nega a realidade corporal) nem extrinsecista da Encarnação. Suposta e aceita uma evolução convergente, resulta para a Encarnação a seguinte conseqüência: "Independentemente de toda interpretação religiosa, somos levados, pelo jogo mesmo do pensamento e da experiência, a assumir a existência, no Universo, de um centro de confluência universal. Deve haver no cosmos, por construção (para que se mantenha e possa marchar), um lugar privilegiado onde, como num *carrefour* universal, tudo possa ser visto, tudo possa ser sentido, tudo possa ser comandado, tudo possa ser animado, tudo possa ser tocado. Não é aqui uma maravilhosa e exata posição para colocar (ou melhor, reconhecer) Jesus?"[26]

Teilhard vê na Encarnação aquele ponto para o qual caminham todas as linhas ascendentes da evolução e no qual elas se encontram. Jesus encarnado reveste exatamente, fisicamente, sem "glosa"[27] as propriedades mais desconcertantes que lhe atribuiu São Paulo. Ele é o primeiro, e a cabeça, nele todas as coisas possuem sua consistência e tudo se consuma. Essa concepção mais fisicista e orgânica da cristologia faz com que Cristo seja o mestre do mundo não só porque ele assim se declarou, mas também porque anima, abraça, dirige, conduz, centraliza, unifica, purifica, recupera, arremata e consuma todo o Universo. "Cristo não é um acessório acrescentado ao Mundo, um ornamento, o rei que dele fazemos, um proprietário... É o Alfa e o Ômega, o Princípio e o Fim, a Pedra do alicerce e o Fecho da Abóbada, a Plenitude e o Plenificante. É Aquele que consuma e Aquele que dá consistência a tudo. Para Ele e por Ele, vida e luz interiores do mundo, se faz, com lamentos e com esforços, a convergência universal de todo espírito criado."[28]

No *Le Christique*,[29] Teilhard desenvolve em três etapas a inserção de Cristo no cosmos em evolução:

3.1.1) A tangibilidade

A tangibilidade de ordem experimental, devido à inserção histórica (por nascimento) de Cristo Jesus no próprio processo da Evolução. Se Cristo é Homem-Deus, então naquilo que tem de homem se insere no nosso mundo em cosmogênese. Nele estão presentes todos os elementos físico-químicos que se formaram no interior das grandes estrelas vermelhas e que compõem os demais seres do Universo. Ele entra no processo evolutivo. Mais. A evolução caminhou para produzir o ser humano, e a humanidade evoluiu para gerar o *assumptus homo* (o homem assumido pela divindade) Jesus de Nazaré. Nele se deu o encontro da ascensão cósmica com a descensão divina. Ele é verdadeiramente o sacramento de encontro de Deus e do mundo.

"Criar, acabar e purificar o Mundo, lemo-lo em Paulo e João, é, para Deus, unificá-lo, unindo-o organicamente a si. Ora, como é que ele unifica? Imergindo parcialmente nas coisas, fazendo-se 'elemento' e depois, graças a esse ponto de apoio encontrado interiormente no coração da matéria, tomando a condução e a cabeça daquilo a que nós agora chamamos a Evolução."[30] Pensando o Universo como uma estrutura convergente e cônica (como o fará mais tarde o Cardeal Vital du Four, discípulo de Duns Scotus), então "Cristo encontra um lugar já pronto (o Vértice) em que se pode inserir e donde pode irradiar para a totalidade dos séculos e dos seres. Por outro lado, graças aos laços genéticos que correm, em todos os graus do Tempo e do Espaço, entre elementos de um Mundo convergente, a influência crística, longe de se confiar às zonas misteriosas da 'graça', difunde-se e penetra na massa inteira da Natureza em movimento. Num mundo assim, Cristo não poderia santificar o Espírito sem elevar e salvar (como sentiam os padres gregos) a totalidade da Matéria".[31] Cristo é, portanto, o centro para o qual convergem todas as linhas da evolução; uma vez atingido e realizado esse centro, ele influencia, unifica e cristifica toda a evolução.

3.1.2) A expansibilidade

A expansibilidade de ordem universal do centro crístico ganha sua real dimensão por meio da Ressurreição. A Encarnação situa Cristo num ponto dentro do cosmos e da evolução. A Ressurreição confere a Cristo uma dimensão realmente cósmica. Seu corpo glorioso é coextensivo a todo o cosmos. Nesse sentido, a Ressurreição "é um incomensurável (*tremendous*) acontecimento cósmico, pois marca a tomada de posse efetiva, por Cristo, de suas funções de Centro universal".[32] Aqui se realiza, de verdade, a síntese entre o crístico e o cósmico. A partir de sua Ressurreição, Cristo "irradia sobre todo o Universo como uma consciência e uma atividade donas de si mesmas. Ele emergiu do mundo, após ter sido nele batizado. Ele se estendeu até os céus, após ter tocado as profundezas da terra: *Descendit, ascendit, ut impleret omnia* (Ef 4,10: 'Desceu e subiu para levar tudo à plenitude'). Quando – em face de um Universo cuja imensidade física e espiritual se revela cada vez mais vertiginosa – sentimo-nos apavorados pelo peso sempre crescente de energia e de glória que é necessário colocar sobre o Filho de Maria para termos o direito de continuar a adorá-lo, pensamos então na Ressurreição".[33] Por isso, a Ressurreição de Cristo, antes que "um acontecimento apologético e momentâneo, como se fora uma pequena *revanche* individual de Cristo sobre a tumba",[34] possui um eminente caráter cósmico e universal. O Cristo ressuscitado possui uma ubiqüidade cósmica, e enche a realidade e aí dentro a fermenta e a leva para a perfeição escatológica.[35]

3.1.3) O poder assimilador

Cristo, pela Encarnação (tangibilidade) e pela Ressurreição (expansibilidade), possui, finalmente, um *poder assimilador* de ordem orgânica, integrando potencialmente na unidade de um só "corpo" a totalidade do gênero humano e do cosmos. O Cristo como centro orgânico do Universo, Teilhard denomina de Cristo-Universal. E ele se explica: "Cristo é o centro orgânico do cosmos" porque n'Ele "está suspenso fisicamente, em definitivo, todo desenvolvimento, mesmo natural, do Universo inteiro, isto é, não apenas da Terra e da humanidade, mas também de Sírio, de Andrômeda, dos Anjos, de todas as realidades de que dependemos fisicamente, de perto e de longe (isto é, provavelmente de todo o Ser participado)". E Cristo é, ainda, centro orgânico do Universo, por ser o centro "não somente do esforço moral e religioso, mas igualmente de tudo o que supõe esse esforço, a saber, de todo crescimento do corpo e do espírito".[36]

Por sua posição e por sua função dentro do cosmos, ele é universal.[37] Por sua *posição* como Ele, é "o liame concreto que une entre si todas as entidades universais e lhes confere um último poder de se apossar de nós";[38] de ser o Ponto Ômega, de atrair tudo a si, de tal forma que o Universo não pode ser bicéfalo.[39] Por sua *função* como Cristo-Ponto-Ômega "não se comporta como um ponto de convergência morto e passivo, mas como Ele, é o Centro de irradiação para as energias que conduzem o Universo para Deus, através de sua Humanidade".[40] Por força dessa dimensão cósmica universal, Cristo anima e informa todo o trabalho humano, todos os determinismos materiais e todo o processo de evolução. Por isso, "tudo é fisicamente 'cristificado', em torno a nós, e tudo pode sê-lo ainda mais".[41]

Daí resulta que o cosmos todo aparece como o corpo de Cristo em *fieri* (em fazimento).[42] Ele não acabou ainda de se formar porque a evolução ainda não chegou ao seu termo, e Deus ainda não é tudo em todos (1Cor 15,28).

3.2) Eucaristia e cosmos

Como se transmite, atualmente, a nós, a influência do Cristo universal? "Pela Eucaristia", responde Teilhard; "mas pela Eucaristia compreendida no seu poder e no seu realismo universais."[43] No lugar e nos elementos do pão e do vinho, se nos é dado contemplar Cristo no coração da matéria. A Eucaristia prolonga, de alguma forma, a Encarnação do Verbo, e o pereniza na sua ligação aos elementos dentro de nosso cosmos. Por isso, com razão exigia Teilhard: "Para interpretar dignamente o lugar fundamental que a Eucaristia ocupa na economia do mundo... é necessário dar um grande lugar, no pensamento e na oração dos cristãos, às extensões reais e físicas da Presença Eucarística. Na hóstia se fixa realmente o Centro de energia pessoal de Cristo. E, como nós chamamos propriamente 'nosso corpo' o Centro local de nossa irradiação espiritual (...), é preciso dizer que o Corpo inicial, o *Corpo primário* de Cristo, está limitado às espécies do pão e do vinho. Mas Cristo pode permanecer nesse Corpo primário? Evidentemente que não... A hóstia se assemelha a um foco ardente do qual a chama irradia e se expande. Como a faísca lançada no mato se rodeia logo de um largo círculo de fogo, assim também, no decurso dos séculos, a hóstia sacramental (...), a hóstia de pão, digo eu, vai-se envolvendo cada vez mais intimamente numa outra hóstia infinitamente grande, que não é nada menos do que o próprio Universo – o Universo gradualmente absorvido pelo Elemento universal."[44] Com a Encarnação, Cristo se situou na humanidade e no cosmos; com a Eucaristia, prolonga sua tarefa de incorporar tudo, fisicamente, a si, o ser humano e seu mundo.[45] "Tudo se movia para o pequeno nascido da Mulher. E desde que Jesus nasceu, terminou de crescer, foi morto e ressuscitado, tudo continuou a se mover, porque Cristo não acabou ainda de se formar. Ele não trouxe para si as últimas pregas da roupa de carne de amor que lhe formam os seus fiéis..."[46]

A Eucaristia vai unificando os homens e "toda a potência de unidade difusa através da criação".[47] Ela atinge primeiramente os homens, mas não esgota nisso toda sua potência unificadora; sua energia "estende-se necessariamente por efeito de continuidade às regiões menos luminosas que nos suportam... A nossa humanidade, assimilando o mundo material, e a hóstia, assimilando a nossa humanidade – a transformação eucarística transborda e completa a transubstanciação do pão no altar. Pouco a pouco, invade irresistivelmente o Universo. É o fogo que corre nas selvas. É o choque que faz vibrar o bronze. Num sentido... generalizado, mas verdadeiro, as espécies sacramentais são formadas pela totalidade do mundo e a duração da criação é o tempo exigido para sua consagração".[48] As palavras do sacerdote *Hoc est enim Corpus meum* (isto é o meu corpo) "transbordam do bocado de pão sobre o qual são pronunciadas: fazem nascer o corpo místico todo inteiro. Para além da hóstia transubstanciada, a operação sacerdotal estende-se ao próprio cosmos. A matéria sofre lenta e irresistivelmente a grande consagração".[49]

As "extensões cósmicas" da Eucaristia, que na teologia tradicional e na piedade dos cristãos tão pouco lugar receberam e recebem, ganham aqui dimensões novas. Não se trata de misticismo ou de um sacramentalismo exacerbado; é tirar as legítimas conseqüências, contidas já em germe nas palavras *Hoc est enim Corpus meum*.[50] Por isso, ganham um significado religioso profundo as orações que Teilhard fez na frente de batalha da Primeira Guerra Mundial e, mais tarde, *La messe sur le monde*, no coração do imenso deserto chinês, quando, impedido de celebrar sua missa, rezou:

> Já que hoje, Senhor, eu, vosso sacerdote, não tenho nem pão, nem vinho, nem altar, estenderei as mãos sobre a totalidade do Universo e tomarei sua imensidade como matéria de meu sacrifício.
>
> O círculo infinito das coisas não é a hóstia definitiva que vós quereis transformar?
>
> O cadinho fervente em que se misturam, em que fervem as atividades de toda substância viva e cósmica, não é o cálice doloroso que Vós desejais santificar?
>
> Que ela se repita, hoje ainda e amanhã, e para sempre, enquanto a transformação não se esgotar inteiramente, a Divina Palavra: "Este é o meu Corpo."[51]

3.3) Da cosmogênese à cristogênese

A função cósmica de Cristo ganha linhas geniais e sistemáticas na obra de Teilhard, quando é pensada em relação à evolução: é talvez aqui que resida o *punctum certaminis* (o ponto polêmico) de toda sua cosmovisão crística e cristificante. Em pequenos "credos" que formulou e continuamente repensou e condensou ao longo de toda sua vida, Teilhard objetiva sucintamente sua grande experiência interior. Em 28 de outubro de 1934, no *Comment je crois*, externava o seguinte credo:

> Eu creio que o Universo é uma Evolução.
> Eu creio que a Evolução caminha em direção ao Espírito.
> Eu creio que o Espírito, no ser humano, chega à sua perfeição no Pessoal.[52]
> Eu creio que o Pessoal supremo é o Cristo-Universal.[53]

Em 1950, no *Le coeur de la matière*, revela sua iluminação interior, centralizada nestes três componentes: o cósmico, o humano e o crístico.[54]

Por fim, no ano de sua morte, em 1955, escrevia na Quinta-Feira Santa no seu *Ce que je crois*: cosmos = cosmogênese → biogênese → noogênese → cristogênese. Não se trata aqui de desenvolver, em minúcia, cada passo dessa longa caminhada cósmica. A cosmovisão evolucionista de Teilhard encontrou, mesmo entre nós, expositores excelentes.[55] A nós interessa o lugar que Cristo ocupa nela e como se articula assim uma cristologia cósmica. Encurtando um longo caminho:

3.3.1) O cósmico

Os elementos originários agrupam-se, devido a uma energia interna, em átomos, e estes em moléculas e cúmulos de moléculas cada vez mais complexos. As massas anorgânicas formam a *pseu-*

docorpusculação; nela não se mostra ainda um princípio seletivo, como que um "logos" interno buscando formas de ascensão convergente. Isso se dá na *eu-corpusculação*:[56] aqui a força evolutiva busca formas de maior complexidade e unidade, deixando emergir figuras cada vez mais perfeitas e convergentes.

Toda evolução se estende como uma enovelação cada vez mais complexa da matéria. Nesse ascender, há estações e há crises. A evolução não se faz homogênea e linearmente, mas aos saltos. A complexidade chega a um ponto crítico e, então, emerge algo de *qualitativamente* novo.[57] O novo conhece primeiramente uma fase de expansão, depois uma fase de convergência, até chegar a nova crise e à emergência de uma nova ordem, que está de algum modo em embrião dentro do cosmos. Porém, observa ele: "Tendo bem reconhecido e definitivamente aceito para todo ser novo, a necessidade e o fato de uma *embriogênese cósmica* não suprime em nada para ele a realidade de um *nascimento histórico*."[58] A cosmogênese em seu ponto crítico deixa emergir a biogênese.

A vida vai-se enovelando e interiorizando-se cada vez mais complexamente, buscando nos primatas uma linha clara que escolhe o cérebro como o foco da mais alta complexidade.

3.3.2) O humano

Por que a linha da evolução passou pelo cérebro dos primatas?

É porque a evolução preparava um filo, uma cepa, a fim de dar emergência ao ser humano. Irrompe, então, o fenômeno humano, a noosfera. Com ele a "terra muda de pele. Melhor, encontra a sua alma".[59] Ele é o "pináculo ascendente da grande síntese biológica";[60] ele é um ensaio, sim, como todos os demais da evolução.[61] Nele, porém, se deu algo que iluminou a história imensa da Matéria total:[62] "Quando, pela primeira vez, num ser vivo, o instinto se viu a si mesmo no espelho de si próprio, foi o mundo inteiro que deu um passo."[63] A evolução, porém, continua: "depois do Homem, a Humanidade".⁶⁴ A evolução prossegue no espírito: este submete a si as formas não humanas de vida, pensa, constrói e programa um mundo hominizado. Essa evolução do espírito que se processa dentro das coordenadas gerais de complexidade-consciência conhece três movimentos:

– *expansão*: a civilização se espalha de pólo a pólo. Nessa etapa o indivíduo tem a primazia, pois criam-se civilizações de tipos diversos.⁶⁵

– *compreensão*: a civilização que se espalhou torna a se unir pela organização técnica e social: é o fenômeno da planetização, sob o signo da Humanidade. As civilizações se abrem e se internacionalizam e os homens se sentem vizinhos uns dos outros.⁶⁶

– *personalização*: a humanidade caminha para cada vez mais ampla complexidade e união na linha do ser-mais-homem e da criação de uma consciência coletiva.⁶⁷ Esse incoercível processo de união não se rege por leis positivas e jurídicas, mas por algo que está no recesso mesmo da natureza humana: o amor. "O amor é, por definição, a palavra da qual nos servimos para designar as atrações da natureza pessoal. Dado que, num Universo que se tornou pensante, tudo, no fim das contas, se move no Pessoal e para o Pessoal, é forçosamente um amor determinado que forma e que formará continuamente, até seu estado puro, a substância da Energia Humana."⁶⁸ O amor é a energia que congraçará os indivíduos numa unidade superior, sem tirar-lhes a liberdade e a personalidade. O amor é personalizante no ato mesmo de união com a pessoa amada. É aqui que o cristianismo, como religião do amor, se insere como um fenômeno de interesse científico surpreendente: é uma religião que une os homens por um tão grande amor, que faz deles um corpo só (o Corpo Místico).⁶⁹ Ele aparece, pois, como a coluna central da Evolução, pois "é na direção de um só 'coração', melhor ainda, de um só cérebro, que devemos procurar imaginar a Super-Humanidade".⁷⁰

3.3.3) O crístico

A longa história da evolução, desde os elementos originários, nos ensinou que tudo caminhou para mais complexidade, interiorização e união. Esse fenômeno de convergência não é um processo do passado. Ele continua ainda mais potencializado hoje: estamos a caminho de crescente planetização e conscientização coletiva. Seguindo esse caminho incoercível, chegaremos a um ponto, a um vértice de convergência de todos os homens, de todos os valores, aspirações e pensamentos. Esse ponto de convergência e união de tudo e de todos é o Ponto Ômega.

Esse foco de convergência, emerso de dentro "por simples agrupamento de elementos entre si",[71] seria ainda impessoal. Porém, o amor entre as pessoas que liga durável e decisivamente, é impossível de ser concebido sem a existência de um centro pessoal superior, supremo amante e supremo amável que concentre, irradie, suscite e atraia tudo e todos a si. Só tal amor daria consistência a tão grande união humana.[72] Portanto, esse centro deve existir atualmente.

Como é suprema consciência, deve ser também suprema personalidade, último termo da série e também fora da série. Tais são os atributos do Ponto Ômega: já atual, estável, transcendente e pessoal.[73] O encontro da convergência da evolução (Primeiro Ponto Ômega) com o centro pessoal (Segundo Ponto Ômega) é o verdadeiro Ponto Ômega.

Tudo isso, porém, é ainda hipótese científica sugerida pela linha constante da evolução ascendente. Quem nos dá garantia de que, realmente, assim é? É aqui que Teilhard apela para a Revelação e diz: O Cristo da Revelação é idêntico ao Ômega da Evolução. Cristo é, pois, o Ômega, como nos diz o Apocalipse. Para os olhos do crente, "a história do mundo se apresenta como uma vasta cosmogênese, em cujo decurso todas as fibras do real convergem, sem confundir-se, num Cristo ao mesmo tempo pessoal e universal".[74] Nesse contexto fala Teilhard a respeito do Cristo-Universal, a que já nos referimos: é a síntese de Cristo e do Universo, o encontro da evolução em espiral ascendente com Cristo em involução descendente. Teilhard fala também do *Cristo-Total*, em referência à "amorização": Cristo como centro de amor totaliza todas as consciências sem despersonalizá-las.[75]

O ser humano, em sua liberdade, pode negar-se ao amor e à união; pode ramificar a evolução ascendente e convergente. Mas, em Cristo, a evolução já alcançou o seu termo feliz e irreversível. Nele, ela já chegou, de alguma forma, ao seu acabamento. Falta apenas integrar o cosmos e a humanidade na sua derradeira efervescência, antes de entrar na parusia. É aqui que Teilhard situa a Igreja.

3.4) Igreja e cosmos

A Igreja para Teilhard, melhor, o cristianismo em sua relação para com a cosmogênese "não é outra coisa que não um *filo* de amor na natureza. Ora, desse ponto de vista, não somente não é estacionário, mas também está tão vivo que, neste mesmo momento, nós podemos observar que experimenta, ante nossos olhos, uma extraordinária mutação, elevando-se a uma consciência mais firme de seu valor universal".[76] Com isso, Teilhard quer afirmar que a Igreja é o lugar onde hoje se atualiza e se mostra, aos olhos de todos, o Cristo-Universal e Total. Nela, a cristificação do mundo e da humanidade ganha caráter social e é vivida conscientemente. Ela é, destarte, a nova Humanidade, pela qual o Cristo cósmico concretamente atinge todas as zonas do ser.[77] Assim como no mundo o ponto extremo do desenvolvimento é constituído pela humanidade, do mesmo modo na humanidade ele é constituído pela Igreja.[78] Bem dizia Teilhard em 1948, quando se encontrava em Roma: "Presentemente é bem aqui que se encontra o pólo crístico da Terra; é bem por aqui, quero eu dizer, que passa o eixo ascensional da hominização."[79] Num escrito de 1948, *Comment je vois*, ainda inédito, expressava sua convicção mais profunda: "No mais profundo do fenômeno social, uma espécie de ultra-socialização vem-se elaborando: aquela pela qual a Igreja se forma pouco a pouco, vivificando por sua influência e reunindo em sua forma mais sublime todas as energias da noosfera; a Igreja, posição reflexivamente cristificada do mundo; a Igreja, foco principal das afinidades inter-humanas por supercaridade; a Igreja, eixo central de convergência universal e ponto preciso de encontro que surge entre o Universo e o Ponto Ômega."

O cristianismo, como fenômeno de uma consciência que se define como amor, interessa à compreensão mesma da evolução e à pergunta pelo seu desfecho feliz. A Igreja se confessa pela "amorização" absoluta e sem limites. Por isso, compreendemos a frase de Teilhard por volta de 1945: "Se a Igreja cair, tudo estará perdido."[80]

3.5) *Et tunc erit finis*: e então será o fim – a teosfera

Quando o processo de amorização e de personalização da humanidade chegar à sua maturidade, então, diz Teilhard, a evolução entra em sua derradeira crise; chegará o fim: a extrapolação da Humanidade em Cristo. A Parusia virá completa, que é o Reino de Deus e de Cristo na terra. Em perfeita analogia com o mistério da Encarnação, pela qual o Verbo na plenitude dos tempos (Gl: 4,4) entrou "numa terra pronta social, política e psicologicamente",[81] assim de modo semelhante à Parusia. Essa irromperá quando a humanidade tiver chegado a uma intensidade de unificação e convergência que extrapolará. Então Cristo virá e, por uma intervenção sobrenatural, completará a efervescência natural. *Et tunc erit finis*: Deus será tudo em todos, e aparecerá a Teosfera (cf. 1Cor: 15,26-28).[82]

4. Conclusão

Essa linha final da evolução, em que a ordem sobrenatural *parece* naturalizar-se e o Ômega da Revelação identificar-se *tout court* com o Ômega da ciência, conhece três estratos epistemológicos distintos, quer dizer, três níveis de compreensão:[83]

a) O primeiro, que Teilhard chama de *hiperfísica*:[84] é uma análise fenomenológica da evolução baseada em dados científicos. O resultado disso é uma hipótese científica, conforme a qual, seguindo a linha da evolução, a humanidade chegará a uma convergência pessoal, numa espécie de convergência coletiva, sem destruir a pessoa. Provisoriamente, ele chama a isso Ponto Ômega.

b) O segundo estrato epistemológico ou nível de compreensão emerge do primeiro: um ato de fé psicológico de que há um Ômega pessoal responsável por essa comunhão coletiva – é a hipótese filosófica.

c) O terceiro estrato epistemológico se baseia numa fonte totalmente distinta de conhecimento, nem científica nem filosófica: a fé na revelação cristã. Ela nos diz que a hipótese científica é um fato histórico: Cristo é o Ponto Ômega real e divino.

O ser humano é, pois, levado, dentro do pensar sistemático e apologético de Teilhard, da ciência à filosofia, e da filosofia à teologia, e da teologia à mística, para que ele possa ver, compreensivamente, toda a realidade que vai desde a Cosmogênese até a Cristogênese e a Teosfera. E Teilhard não teme confessar que "jamais teria formulado racionalmente a hipótese do Ômega se, na sua consciência de crente, não a houvesse encontrado aí – não somente o modelo especulativo, mas a realidade viva".[85]

Agora nos resta analisar hermeneuticamente essa cristologia cósmica de Teilhard, isto é, qual é o significado que ela possui e quer transmitir. É aqui que o mito encontra o seu lugar e sua significação maior.

Notas

1. Carta de 23 de setembro de 1947, *in Lettres de voyage* (1923-1955), Paris, 1956, p. 290.
2. "Le Christique", *in* C. Cuénot, *Teilhard de Chardin. Les grandes étapes de son évolution.* Paris, 1958, p. 450-451 ou *in Milieu Divin.* Paris, 1957, t. IV, 202-203.
3. T.V., p. 404-405.
4. *Le Milieu Divin*, 24.
5. Veja *Mon Univers* (1918), t. IX, Paris, 1965, 82; ou *Note sur le Christ Universel* (1920), t. IX, 40.
6. *Christologie et Evolution* (1933), t. X, Paris, 1969, 95.
7. "Le Pétre" (1918), *in Escrita du Temps de Guerre*. Paris, 1965, p. 298.
8. "La vie cosmique" (1916), *in Ecrits*, 47.
9. P.G. Allegra, OFM, Il primato di Cristo in S. Paulo e in Duns Scotus (Diálogo col P. Teilhard de Chardin, S.J.), *in* De doctrina Joannis Duns Scoti. Acta Congressus Scotistici Internationalis Oxonil et Edinburgi, 11-17 sept. 1966 celebratti, t. III, Romae, 1968, p. 219-258. Allegra diz o seguinte nesse seu artigo, revelador de uma perspectiva ainda desconhecida de Teilhard: Dos fins de abril de 1942 até 1945, ele, padre Allegra, tivera oportunidade de, em muitos domingos, após a missa, na Rua Labrousse, onde morava Teilhard em Pequim, discutir cientificamente sobre a cristologia cósmica de São Paulo, de São João e da escola franciscana, particularmente de Duns Scotus. Motivos dessas palestras foram, inicialmente, dificuldades que o padre Allegra encontrara, encarregado que fora pelo administrador apostólico na China, Monsenhor Maria Zanin, de analisar o livro de Teilhard, *Le Milieu Divin*, em vista de uma eventual publicação da obra. As formulações teilhardianas sobre o Cristo cósmico chocavam os ouvidos de um escolástico. Porém, ao ouvir a exposição da cristologia cósmica, tradicional na escola franciscana, exclamava entusiasmado Teilhard: "Com essa teologia, não só se respira, mas se avança. Vós franciscanos, como tendes feito com o dogma da Imaculada, continuai, se possível, com maior esforço ainda, a defender e a propagar o Primado de Cristo. A Igreja deve, hoje, sentir Cristo em suas dimensões cósmicas; ela tem necessidade de uma teologia cósmica" (240 e 256). Veja ainda no mesmo t. III: Cardaropoli, G., Il Cristocentrismo nel pensiero di Duns Scoto e di Teilhard de Chardin, p. 259-290.

10. Veja *Quelques reflections sur la conversion du monde* (1936), t. IX, 161.
11. *L'Etoffe de l'Univers* (1933) t. VII, 404.
12. G. Crespy, *La pensée théologique de Teilhard de Chardin*, Paris, 1961, p. 70.
13. "Genèse d'une pensée", in *Lettres* (1914-1919), Paris, 1961, p. 72.
14. Carta de julho-agosto de 1929, em C., Cuénot, *Teilhard de Chardin, op. cit.*, 149s.
15. Veja em *La documentation catholique* de 15 de julho (1962), 949s.
16. *Escrita du temps de guerre, op. cit.*, p. 5-61; p. 94-101.
17. *Id.*, p. 85-107.
18. Veja especialmente os ensaios no t. IX: *Science et Christ*, Paris, 1965 e no t. X, *Comment je erois*, Paris, 1969.
19. C. Tresmontant, *Introduction à la pensée de Teilhard de Chardin*, Paris, 1956, p. 85.
20. *Id.*, 88; G. Crespy, "Le Christ de Teilhard de Chardin", in *Revue de Théologie et de Philosophie 9* (1969), p. 297-321.
21. Veja a nota 9 e a nota 111 da segunda parte.
22. *Le phénomène humain*, t. I, Paris, 1955, p. 328.
23. *Christ et Evolution* (1945) t. X, p. 210-211.
24. A bibliografia sobre o Cristo cósmico de Teilhard é enorme. Aqui nos referimos apenas à principal: J. Jerkovic, "Teilhard de Chardin: O Evangelho do Cristo cósmico". *In Vozes 62* (1968), p. 223-256 e p. 306-320; A. Jeannière, "Cosmogenèse et Christogèse", na obra coletiva: *Teilhard de Chardin et la Pensée Catholique*, Paris, 1964, 230s; C. Mooney, *Teilhard de Chardin and the Mystery of Christ*, London, 1966, e a bibliografia aí citada; I. Scheffczyk, "Die 'Christogenèse' Teilhard de Chardin und der kosmiche Cristus bei Paulus". *In Tübinger Theologische Quartalschrift 143* (1963), p. 136-174; A. Haas, "Welt in Christus-Christus in Welt", in *Geist und Leben 37* (1964), p. 98-109; p. 184-202; p. 272-298; p. 356-376; G.A. Maloney, *El Cristo cósmico. De S. Pablo e Teilhard*, Santander, 1970; *Le Christ cosmique de Teilhard de Chardin. Textes rassemblés et présentés par Attila Szekeres*, Paris, 1969. O livro condiz com o título; contém os mais variados temas; apenas o artigo de Szekeres, "La pensée religieuse de Teilhard de Chardin et la signification théologique de son Christ cosmique", p. 333-402, traz alguma contribuição ao tema; A. Feuillet, *Le Christ sagesse de Dieu d'après les Epitres Pauliniennes*, Paris, 1966, p. 376-384. Feuillet discute em minúcia a concepção cósmica de Teilhard; L. Boff, "Das universale sacramentum salutis als die kosmiche Kirche", in *Die Kirche als Sakrament im Horizont der Welterfahrung*, Paderborn, 1971.
25. Omitimos abordar a segunda direção da cristologia de Teilhard porque isso nos levaria a tratar problemas que não tocam, imediatamente, à cristologia cósmica. Para uma excelente orientação, veja o livro de Dr. P. Smulders, *a Visão de Teilhard de Chardin*, Petrópolis, 1965, p. 164-190.

26. *Christologie et Evolution*, p. 106.
27. *Id.*, p. 107.
28. *Science et Christ ou Analyse et Synthèse* (1921), t. IX, p. 60; veja também *Super-Humanité, Super-Charité* (1943), t. IX, p. 209-210.
29. *Le Christique* de 1955, ainda inédito.
30. *Le phénomène humain*, p. 327.
31. "L'Esprit nouveau". *In L'Avenir de l'Homme*. Paris, 1959, t. V, p. 123-124.
32. *Mon Univers* (1924), t. IX, p. 92.
33. *Id., ibid.* Veja também *L'Energie humaine* (1937), Paris, 1962, t. VI, p. 196-197.
34. *Id.*, p. 92.
35. Veja *Super-Humanité, Super-Christ, Super-Charité* (1943), a. IX, p. 210-211.
36. *Note sur le Christ Universel* (1920), t. IX, p. 39.
37. Veja J. Jerkovic, *Teilhard de Chardin: O Evangelho do Cristo cósmico* (I), *op. cit.* (veja nota 24), p. 233.
38. *Le Milieu Divin*, p. 148.
39. Veja *Super-Humanité*, *op. cit.* (nota 28), p. 209-210.
40. *Le Milieu Divin*, p. 149.
41. *Mon Univers* (1924), t. IX, p. 87.
42. "L'Union créatrice" (1917). *In Ecrits du temps de guerre, op. cit.*, p. 196-197; "La vie cosmique" (1916), *in Ecrits*, p. 47, e amiúde em outras obras.
43. *Mon Univers*, p. 92.
44. *Id.*, p. 93-94.
45. "La vie cosmique", *in Escrits, op. cit.*, p. 39, 47.
46. *Id.*, p. 48-49.
47. "La lutte contre la Multitude" (1917). *In Escrits, op. cit.*, p. 128.
48. *Le Milieu Divin*, p. 153-154.
49. *Hymne de l'Univers*, Paris, 1961, p. 14.
50. Ver P. Smulders, *A Visão de Teilhard de Chardin*, (nota 25), p. 240-251.
51. "Le Prêtre" (1918). *In Escrits, op. cit.*, p. 285 e 287; veja "La Messe sur le Monde" (1923). *In Hymne de l'Univers*, p. 17-36.
52. O texto original diz: "Je crois que l'Esprit s'achève en du Personnel". No *Le Coeur de la Matière*, de 1950, Teilhard precisa esse texto da seguinte forma: "Je crois que l'Esprit, dans l'Homme, s'achève en Personnel".
53. *Comment je crois*. Paris, 1969, t. X, p. 117.
54. Obra ainda inédita; ver o texto em francês *in* E. Martinazzo, *Teilhard de Chardin. Ensaio de Leitura Crítica*, Petrópolis, 1968, p. 101-102, nota 48.
55. Ver, por exemplo, E. Martinazzo, *Teilhard de Chardin, op. cit.*, p. 101-120; U. Zilles, "Cristologia numa mundividência evolucionista", *in Vozes 61* (1967), p. 99-118; J. Jerkovic, *Teilhard de Chardin: O Evangelho do Cristo Cósmico, op. cit.* (nota 34).

56. *Le phénomène humain*, p. 300-302; *Le groupe zoologique humain*, 16s.
57. *Le phénomène humain*, p. 78-79.
58. *Id.*, 78.
59. "Agitation ou Genèse". *In L'Avenir de l'Homme*, p. 201.
60. *Le phénomène humain*, p. 249.
61. *Agitation ou Genèse, op. cit.*, p. 282.
62. "Les singularités de l'espèce humaine" (1954). *In L'Apparition de l'Homme*, Paris, 1956, t. II, p. 319.
63. *Le phénomène humain*, p. 200.
64. *Le groupe zoologique humain*, p. 137.
65. *La place de l'Homme dans la nature*, Paris, 1956, t. VII, p. 115-136; *Le phénomène humain*, p. 263s.
66. *La place de l'Homme dans la nature*, p. 139-173.
67. "Un grand évenement qui si dessine: la planétisation humaine" (1945). *In L'Anevir de l'Homme*, Paris, 1959, t. V, p. 149-175; *Sur l'existence probable en avant de nous, d'un Ultra-humain* (1950), ibd., p. 358-360; *Du Préhumain à l'Ultra-humain* (1950), *ibid.*, p. 382.
68. *L'Energie humaine*, Paris, 1962, t. VI, p. 181; *Le phénomène humain*, p. 294.
69. E. Martinazzo, *Teilhard de Chardin, op. cit.*, p. 114.
70. *Super-Humanité...* (1942), *op. cit.*, p. 215.
71. "Les singularités de l'espèce humaine" (1954). *In L'apparition de l'Homme*, p. 373.
72. *Id., ibid.*; ver também todo o sexto capítulo de *L'Energie humaine.*
73. *Le phénomène humain*, p. 298-303; E. Rideau, *O pensamento de Teilhard de Chardin*, Lisboa, p. 84-85 (e os textos de Teilhard correspondentes aí arrolados).
74. *L'Energie humaine* (1937), t. VI, p. 192.
75. J. Jerkovic, *Teilhard de Chardin, op. cit.*, (I), p. 245-248.
76. *L'Energie humaine*, p. 195.
77. Veja *Esquise d'une Dialectique de l'Esprit* (1946), t. VII, p. 156.
78. P. Smulders, *A Visão de Teilhard de Chardin*, p. 237.
79. Carta de 7 de outubro de 1948. *In Lettres de voyage*, p. 294.
80. C. Cuénot, *A aventura e a visão de Teilhard de Chardin*, Lisboa, 1966, p. 169; J. Jerkovic, *Teilhard de Chardin* (II), *op. cit.*, p. 311.
81. *Le coeur du Problème* (1949), t. V, p. 347.
82. *L'Energie humaine*, p. 198.
83. C. D'Armagnac, "La Pensée du Père Teilhard de Chardin comme Apologétique moderne", *in Nouvelle Revue Théologique 84* (1962), p. 598-621, especialmente p. 598-599; C. Mooney, "Teilhard de Chardin and the Christological Problem", *in Harvard Theological Review* 58 (1965), p. 125-126.
84. *Le phénomène humain*, p. 22.
85. *Id.*, p. 328.

Capítulo III

EM DEFESA DO PENSAR MÍTICO: O MITO DE UMA REALIDADE

Nesta parte será feita uma análise crítica acerca do grau de realidade e de possibilidade de verificação das afirmações de Teilhard sobre o Cristo cósmico. A esse respeito, ele emite juízos inauditos na tradição cristã do Ocidente. Os ouvidos céticos da modernidade não toleram com muita simpatia afirmações cuja verificação seja de difícil controle.

1. O ressurgimento de um velho mito?

Depois do surgimento do pensar científico, fica-nos proibido o recurso fácil ao mito para explicar a cosmogênese. Não estaríamos aqui diante de um mito muito antigo, revivescido e revestido das representações científicas de nosso tempo, mas no fundo ainda preso às categorias pré-científicas do passado? Pensamos, particularmente, no mito gnóstico do *Anthropos* ou do Homem Originário (Urmensch)[1] que, segundo alguns abalizados exegetas, como, por exemplo, o católico H. Schlier e o evangélico E. Käsemann, teria sido reassumido e reinterpretado pelo autor das epístolas aos colossenses e aos efésios,[2] onde exatamente se encontram as raízes de uma cristologia e eclesiologia cósmicas. Segundo esse mito, o *Anthropos* (o Homem Originário) teria seus membros espalhados por toda a matéria e encheria por isso todo o cosmos. Aos poucos, porém, ele foi se redimindo, isto é, foi reunindo os membros esparsos na matéria, constituiu uma unidade cósmica e, nesse seu ascender para a unidade, teria arrastado consigo o ser humano e o redimido da escravidão dos elementos.

Ou poder-se-ia ainda pensar nos mitos do Demiurgo e da Alma do mundo que, de alguma forma, ressoam nos textos cristológicos de Teilhard. De fato, ele chega a dizer que Cristo "*a quelque chose d'un démiurge*" (possui algo de um demiurgo)[3] e que "pela Encarnação Deus *se faz* de alguma maneira *Elemento* de nosso Universo – Elemento superior, "super-Elemento", enfim a ser concebido em analogia com nossos Elementos (ou com aquilo que seria "uma alma do Mundo")".[4]

Não possuem as seguintes afirmações de Teilhard, entre tantas e tantas, uma coloração inegavelmente mítica?: "Física e literalmente... o espaço e a duração estão cheios dele (de Cristo)";[5] "Cristo é o liame concreto que une entre si todas as entidades universais";[6] ele é o "Elemento universal do mundo"[7] ou ainda "o centro orgânico do Universo",[8] de forma que "tudo é fisicamente 'cristificado' em torno de nós"?[9]

M. Blondel não teria razão em criticar a maneira inadequada e abusiva de Teilhard representar a presença real de Cristo no cosmos: "Nós não devemos erigir como princípio de explicação o que nos sugere nossa mentalidade de cientistas, nossas imagens antropomórficas"?[10] Radicalizando a questão, não seria legítimo dizer: O Cristo cósmico de Teilhard desempenha fisicamente a função que o panteísmo e o monismo atribuíam a Deus vago e difuso formando a única realidade (*Deus sive natura sive substantia* de Spinoza)? À primeira vista, não se pode negar esse parentesco. Mas isso vale não somente para Teilhard, mas também para o teocentrismo e o cristocentrismo de Paulo (1Cor 15,28 e Cl 3,11). Sabemos, porém, que ambos não queriam ser panteístas, malgrado as formulações de inegável ressonância panteísta.[11]

Contudo não se pode evitar a pergunta: Como entender as afirmações de Teilhard sobre o Cristo cósmico? Se se devem evitar as representações – o Cristo histórico figurado às dimensões do cosmos seria um monstro –, como então apreender a realidade traduzida nessas idéias? A que experiência humana devem ser aplicadas essas afirmações? Temos ainda hoje a mesma experiência? Se afirmativamente, não teríamos então aqui uma instância de controle e verificação de tais formulações?

Como transparece, entramos aqui num agudo problema hermenêutico, problema de compreensão e de interpretação. Pouco vale repetir e alinhar numa seqüência lógica os pensamentos de Teilhard e mostrar que não estão em desarmonia com os textos de João e de Paulo ou reduzir a cristologia cósmica das epístolas paulinas à gnose ou ao estoicismo popular ou às especulações rabínicas sobre a sabedoria ou ainda à influência das categorias veterotestamentárias sobre a "corporate personality". Isso seria apenas deslocar a pergunta, pois, com isso, não estaria resolvido ainda o problema da compreensão do pensamento teilhardiano.

Ocupar-nos-emos, aqui, detidamente, com o problema hermenêutico. A análise nos deverá mostrar a gênese dessa cristologia cósmica; para o pensar cristão, sua necessidade e até inevitabilidade e a legitimidade de sua expressão mítica. A comparação do modelo teilhardiano com outros da história da filosofia e da religião revelar-nos-á uma surpreendente consonância de intenções, bem como de expressão literária. Há em todas elas um dado comum invariável, uma estrutura mais profunda que devemos deslindar.

2. Raízes vivenciais e místicas da cristologia cósmica de Teilhard

Partimos da reflexão hermenêutica, cuja estrutura foi muito bem estudada por H. G. Gadamer, R. G. Collingwood e outros: "Nós só podemos dizer que entendemos quando tivermos compreendido a pergunta, para qual algo é uma resposta; compreender uma pergunta significa perguntar a pergunta mesma; compreender uma afirmação significa compreendê-la como resposta à uma pergunta."[12] Apliquemos o mesmo ao tema vertente: a cristologia e a eclesiologia cósmicas de Teilhard são uma resposta a um problema, a uma pergunta. Só entenderemos bem essa resposta, se compreendermos a pergunta e o problema, para os quais a cristologia e a eclesiologia cósmica de Teilhard são uma resposta. Quais são essa pergunta e esse problema?

Os estudiosos de Teilhard concordam em que duas experiências fundamentais marcaram todo seu itinerário espiritual. Ele mesmo, num escrito autobiográfico – *Le Coeur de la Matière* (1950) – em que relata as etapas de sua evolução interior, dá testemunho disso. A primeira consiste "numa real experiência mística (talvez num sentido mais lato), que lhe marcou todo o resto da experiência".[13] Cristo é o "Coração da Matéria", e "Centro orgânico de todo o Cosmos", "uma espécie de Elemento universal", de tal forma que "Cristo possui um Corpo cósmico estendido pelo Universo inteiro".[14]

A segunda experiência fundamental reside, como ele mesmo o confessa, no *Le Coeur de la Matière*, no "Sentido de Plenitude, de Consumação e Completude". Ele fala também dum "Sentido plerômico", do "Sentido de Consistência", "Sentido da Terra, Sentido Cósmico". "Eu não tinha certamente mais que seis ou sete anos de idade e já me sentia atraído pela Matéria – ou mais exatamente – por algo que 'brilhava' no coração da matéria". Os seus "Absolutos" são então pedras, pedaços de ferro, estilhaços de granadas que vai colecionando.[15] Um "sentido profundo da totalidade" perpassa o espírito de Teilhard, diz-nos o padre De Lubac.[16] Em 17 de abril de 1923 escreve que "o grande e único problema é aquele do Uno e do Múltiplo";[17] numa forma mais pronunciada, em 1936, retoma o mesmo tema e diz: "Multiplicidade e Unidade: eis o único problema ao qual se reduzem no fundo toda a física, toda a filosofia e toda a religião."[18]

Qual é o princípio dessa unidade cósmica, dessa totalidade que se impõe arrasadoramente ao espírito? Essa é a pergunta fundamental que devora a mente do jovem Teilhard. As duas experiências radicais de sua vida, a experiência do mundo, da matéria, de sua consistência e unidade plural – o eu pagão –, como ele chama essa experiência no *Le Coeur de la Matière*, e a experiência crística, do Cristo cósmico, "que circula em todas as coisas, como a alma verdadeira do mundo"[19] – o eu cristão –, estão aí uma ao lado da outra, em busca de uma síntese e lutando pela possessão exclusiva de toda a sua pessoa. Como combinar essas duas experiências?

Anos seguidos luta Teilhard uma renhida batalha interior para conquistar uma síntese unitária e orgânica desses dois pólos de sua vida. Aos poucos, porém, a partir de 1916, com *La Vie cosmique* e *Le Christ dans la Matière*[20] desenvolve-se nele um centro unificador dessas duas experiências determinantes. "Etonnante libération", exclama ele: "a síntese do Para-cima e do Para-a-frente (*de l'En Haut et de l'En Avant*). Penetração do Divino no Carnal. E por meio de uma Reação inevitável: transfiguração ou transmutação do Carnal numa irradiação de Energia inacreditável".[21] A experiência de Cristo – do eu cristão – e a experiência do mundo – do eu pagão – se individualizam numa só grande experiência sintética: "O pedaço de ferro dos primeiros tempos está há muito tempo esquecido. Mas em seu lugar, sob a forma do Ponto Ômega, vejo eu agora a consistência do Universo reunido num único centro indestrutível, QUE EU POSSO AMAR."[22]

O Cristo cósmico é a resposta de Teilhard ao problema da unidade de toda a realidade. Essa supremacia física de Cristo ele a resume com três citações das epístolas paulinas: "In eo omnia constat" ("nele tudo tem sua consistência": Cl 1,17); "Ipse est qui replet omnia" ("Ele é aquele que tudo enche": Cl 2,10, conferir Ef 4,9), logo: "Omnia in omnibus Christus" ("Cristo, tudo em todas as coisas": Cl 3,11).[23] Repetidas vezes assegura que todo o seu esforço científico não visa a outra coisa senão a revelar "a diafania crística da matéria", de criar uma unidade entre a experiência do mundo e a experiência de Cristo.[24] Na convergência dessas duas experiências está a chave de todo o pensamento de Teilhard. Convergência essa alcançada pela experiência da concatenação da realidade de Cristo.[25] Ele aceita que a Igreja está intimamente ligada a Cristo, por isso ela possui também uma dimensão cósmica, como foi exposto anteriormente.

3. Raízes teológicas da cristologia cósmica no cristianismo

Abordemos mais de perto a convergência dessas duas experiências. Disso resultam, respectivamente, uma cristologia e uma eclesiologia cósmicas. Esse resultado, como veremos, está implicado na própria experiência cristã. Diremos que a cristologia cósmica, quer seja no seu começo, quer no seu meio, quer no seu fim, está contida necessária e inevitavelmente na compreensão cristã da realidade. E isso pelas razões que seguem: o típico da experiência religiosa do cristianismo – o que constitui escândalo para todos os tempos – reside numa experiência particular e toda especial de Deus *num ser humano*, Jesus de Nazaré. Nele, Deus revelou simultaneamente suas raízes humanas e as raízes divinas do ser humano. Nele, manifestou Deus sua outra face, por nós inconcebível e objeto de escândalo contínuo: sua capacidade de sofrer, de se identificar com o ser humano até na morte.

Os apóstolos e a comunidade dos primórdios viram logo nesse ser humano a revelação máxima de Deus, Deus mesmo encarnado. Deus se não poderá revelar mais e se rebaixar mais, pois o Sujeito e o Objeto da revelação se tornaram um: Ele se fez homem. Eis por que essa revelação só pode ser considerada escatológica, quer dizer, última e derradeira. Com ela, chegamos ao fim da história santa.

A partir desse ponto final, pode-se interpretar toda a história passada. Ver como os fios se entrelaçam num sentido invisível, formando aos poucos, ao longo da história, a figura do Homem-Deus. Pode-se, agora, perseguir, como fez Teilhard, as linhas da evolução que desembocaram nesse fenômeno crístico. Por isso, do ponto de vista teológico, diremos com Claude Tresmontant [26] que toda a obra de Teilhard é um esforço, a partir da experiência cristã, de mostrar os condicionamentos cósmicos, físicos, biológicos e antropológicos da irrupção de Deus na carne. Só a partir da Cristogênese, de sua vivência na fé[27] é que Teilhard pode estabelecer conexão com a noogênese, desta com a biogênese, e da biogênese com a cosmogênese.

Cristo tornou-se, pois – isso veremos melhor com Paulo –, o princípio de compreensão da realidade religiosa do passado, do presente e do futuro: "Cristo ontem, hoje e para sempre", como afirma a epístola aos hebreus (Hb 13,8).

Cristo é o único mediador e redentor. Por isso, se Adão se salvou, foi salvo pela graça de Cristo. Toda graça será, então, graça cristã. Todos os sacramentos, também aqueles das religiões pagãs, são eficazes em virtude do único sacramento, que é Cristo, como Santo Agostinho abertamente dizia.[28] "À imagem e semelhança de Deus", em referência ao ser humano, expressa no Gênesis, significa, segundo Tertuliano e Orígenes, à imagem e semelhança de Cristo.[29] Como Teilhard ao usar o mundo da representação científica de nosso tempo via em tudo a diafania cósmica de Cristo, assim fizeram os padres com as categorias tipológicas de sua cosmovisão: em tudo – no passado, na história de Israel e na história profana – descobriam sinais, figuras, tipos, sacramentos, como eles os chamavam, do mistério de Cristo e da Igreja.[30] Esses sacramentos não só prefiguravam a realidade cristã, mas também já, de alguma forma, a tornavam presente e atuante. "A história está grávida de Cristo", dizia Santo Agostinho num realismo que lhe é típico. Santo Ambrósio ensinava que "o Universo está cheio de Cristo e da Igreja".[31] E Atanásio, o Sinaíta, não pensava noutra coisa que não no seu Cristo-eclesiocentrismo quando escrevia: "Todas as criaturas visíveis e espirituais foram criadas principalmente para prefigurar a realidade da Igreja e de seu esposo-Cristo. Esse é o mistério que Deus fixou e determinou antes dos tempos e antes da história do mundo."[32] A Igreja será então, nessa dimensão cósmica – *ab Abel iusto usque ad ultimum electum* ("desde o justo Abel até o último eleito") –, "um mistério cósmico",[33] como se lê numa formulação muito discutida da Didaqué 11,11: Orígenes dirá que ela forma "o cosmos do cosmos", enquanto Cristo mesmo é já transcósmico.[34]

Para a fé cristã, Cristo é, pois, o horizonte de toda a compreensão religiosa, e como prolongamento de Cristo, a Igreja herdou essa dimensão, pois é nele o sacramento universal de salvação. Sendo assim, pergunta-se: qual é a relação de Cristo e da Igreja com o cosmos?[35] Cristo é também o redentor do cosmos e será por Ele que o Universo se transfigurará na parusia. Mas Cristo não poderia ser o redentor do cosmos se Ele não tivesse desempenhado uma função na sua criação. O autor da epístola aos colossenses percebeu esse problema[36] e então ensinou que "em Cristo foram criadas todas as coisas" (Cl 1,16), "tudo foi criado por Ele e para Ele... tudo subsiste n'Ele" (Cl 1,16b. 17). Aí já há uma cristologia cósmica que surge imediatamente do confronto entre a fé em Cristo, redentor universal, e a pergunta pela realidade religiosa do mundo.

Esse problema da relação de Cristo com o cosmos, embora esteja presente em toda a tradição do Oriente e do Ocidente, não recebeu, contudo, grandes aprofundamentos. O mundo, o cosmos, até o despertar dos tempos modernos, a partir da Renascença, não constituía a experiência radical do ser humano. Este não se entendia a partir do mundo. Possuía outras categorias, metafísicas ou religiosas, que lhe orientavam a existência. Com o despertar, porém, de uma nova consciência, já vislumbrada por Descartes, descobre-se o mundo como entidade própria, como o ser simplesmente, do qual se dizia que até então fora esquecido.[37]

O ser humano começa a compreender a si próprio a partir da experiência do mundo em todos os seus níveis. Descobre que ele é um constituinte essencial de seu próprio ser (um Existencial), como um-ser-no-mundo. Então o problema do Cristo cósmico tornou-se premente para uma consciência cristã. Em Teilhard, chega ao seu paroxismo. Como se deverá compreender e amar Cristo, quando a experiência fundamental é o mundo na sua complexidade e unidade? O cristão não poderá levar uma existência esquizofrênica: compreender e amar Cristo num segmento do mundo, chamado Igreja, sacramentos e religião, sem relacioná-lo intimamente com o vasto mundo da profanidade e da mundanidade que chega a absorver quase inteiramente a existência humana. A teologia tradicional, pela limitação de seu horizonte de compreensão, em que o mundo não é um tema central, desvinculara a realidade de Cristo da realidade do mundo,[38] o que não corresponde de nenhuma forma ao espírito das teologias do Novo Testamento. Segundo a Escritura do Antigo e a do Novo Testamento, o ser humano não pode ser redimido "sem a consideração de uma doutrina do Cosmos, que é o lugar natural de sua vida e o palco do encontro com Deus, no convívio com seu irmão e na preocupação por sua irmã, a natureza".[39] Criticamente podemos dizer: a ortodoxia tradicional de viés neo-escolástico, ao anunciar um Deus sem o mundo, fez surgir um mundo sem Deus.

Por essa razão a Exegese e a Teologia, não sem influência das idéias de Teilhard e em função de uma reflexão orientada para a práxis e para um diálogo com o mundo, voltou a preocupar-se com uma cristologia e eclesiologia cósmicas.[40] Isso se mostrou muito bem em 1961, por ocasião da terceira reunião geral do Conselho das Igrejas em Nova Délhi, onde o tema do Cristo cósmico foi levantado e discutido seriamente.[41] A esse respeito asseverava mais tarde um comentarista: "O fato de Cristo deve ser desenvolvido na totalidade do horizonte, onde o *mundo* se tornou o centro dos interesses. Onde partes essenciais da experiência do mundo não são integradas na fé, aí perde o testemunho cristão sua força missionária."[42]

A obra de Teilhard é um esforço gigantesco pela integração da totalidade da experiência do mundo com a totalidade do mistério de Cristo e da Igreja. A esse propósito declara em 1945: "Para realizar a síntese esperada por nossa geração, entre a fé em Deus e a fé no mundo, não podemos fazer outra coisa e nada de melhor senão ressaltar, dogmaticamente, na pessoa de Cristo, sua face e sua função cósmicas, pelas quais Ele se torna, organicamente, como Princípio e Motor, a Alma da Evolução."[43]

Dessa forma, Cristo não fica reduzido a um segmento da existência, como se privatizado *ad usum Delphini* (para uso interno dos cristãos), na vida dos Sacramentos ou na piedade da Igreja. Nessa concepção cósmica, Ele ganha uma presença universal, comunica-se pelos elementos do mundo, supera as barreiras entre o sagrado e o profano, forma um único *Milieu Divin*, no qual o ser humano está mergulhado. A imensidade e a onipresença divinas são traduzidas por Teilhard como uma "onipresença de cristificação".[44] É nesse contexto que ele fala do Cristo Universal, e até de uma terceira natureza de Cristo, natureza cósmica.

Aqui reaparece o problema hermenêutico que abandonamos para explicar a junção das duas experiências fundamentais e determinantes de Teilhard, cujo resultado-síntese é a cristologia cósmica. Como entender essas expressões?

Recapitulando e retomando o tema: a cristologia cósmica quer ser uma *resposta* à pergunta pela unidade de toda a realidade da qual Teilhard teve a experiência; por um lado, como uma totalidade orgânica em evolução ascendente (a experiência do eu pagão); por outro, como totalidade unitária ainda, mas penetrada até às últimas fibras da matéria pela presença unificante de Cristo (a experiência do eu cristão).

Consideremos agora mais de perto a pergunta – pela unidade do Todo –, sua resposta – o Cristo cósmico – e sua mútua correlação.

4. Raízes sistêmicas da cristologia cósmica

Que tipo de pergunta é essa que "pergunta" pela totalidade da realidade? A consideração da estrutura dessa pergunta é necessária, porque ela contém, já em si, a direção da qual vem a resposta. Com isso o problema da compreensão ficará enormemente facilitado.

Ademais, ela caracteriza o tipo de resposta, porque entre ambas, pergunta e resposta, reina sempre uma certa correlação.

Para encurtar um longo caminho de análise fenomenológica, diremos o seguinte: a pergunta da unidade do Todo é um dado originário, um "protodado fáctico" do ser humano no seu afã de orientar-se. A experiência nos diz que os seres não estão jogados aí, um em cima do outro, ou ao lado do outro, senão que eles são interdependentes, se organizam em estruturas, em sistemas e em complexos de funções. Como afirma a física quântica, mais do que de seres, a realidade cósmica é composta de rede de relações de energias e de elementos subatômicos (prótons, neutrinos, quarks). Há uma unidade na realidade, por mais que fenômenos parciais e circunstanciados venham a criar uma desordem local. Mesmo essa desordem é geradora de novas ordens.

Essa é uma experiência e vivência primária e originária que não se pode reduzir a outra mais fundamental. Ela está aí. O que é que faz do mundo uma unidade e uma totalidade? Qual é o princípio que une todos os seres no ser e numa estrutura invisível de totalização? Toda interpretação que não quiser ser, nem ingênua nem dogmática, deverá, de alguma forma, explicar esse protodado do espírito. Esse não é também objeto do estudo das ciências. Pelo contrário, é o chão comum a todas as ciências que, como partes do saber, tomam aspectos parciais da totalidade e segundo seu método próprio os pesquisam e trabalham.

A unidade da totalidade como totalidade faz explodir os limites de cada ciência: aqui se pergunta não por partes, facetas e aspectos, mas sim pelo Todo como Todo.[45] Porque esta pergunta não pode ser apenas objeto de conhecimento científico, não pode também receber uma expressão exclusivamente conceptual, própria ao conhecimento científico. Cada conceito é uma definição. *De-finir* é traçar os limites, distinguir uma coisa da outra, de forma que possa conceber uma, com exclusão da outra. O conceito é instrumento do conhecer abstrato que procede, por reduções, dos aspectos existenciais. Por todas as formas procura reconduzir o complexo ao simples.

Por aí se vê: o caminho que utiliza o conceito não levará a uma resposta adequada à pergunta pela unidade da totalidade.

Haverá outro caminho? Sim. Esse é, a um tempo, o mais primitivo e o mais moderno, porque é objeto de estudos assíduos, quer pela nova cosmologia, no intento de encontrar uma fórmula para o Todo, quer pelo estruturalismo, quer pela psicologia das profundezas, quer pela hermenêutica filosófica e teológica.[46] É o caminho dos sinais, das imagens, dos símbolos e dos mitos.

Evidentemente essas quatro palavras não são tomadas sinonimicamente, pois, sobre um mesmo chão comum, conhecem diferenciações.[47] Em distinção ao conceito, eles têm em comum o fato de estarem abertos a relações em todas as direções; a imagem está em contato imediato com a vivência, sem as reduções do conceito. Enquanto este é mais adequado para interpretar clara, distinta e cientificamente a realidade, e, com isso, ser senhor dela, é a imagem mais própria à significação, ao sentido da realidade, a responder às perguntas que surgem espontaneamente com a vivência, como essa pela unidade do Todo.

Sobre a realidade global e total é-nos impossível fazer afirmações diretas, conceptuais e adequadas, porque os conceitos surgiram de *partes* dessa realidade e por isso não conseguem, sem perverter o seu sentido próprio, cobrir o Todo. Acerca do Todo, porém, podemos fazer uma imagem. Cada geração, mesmo o ser humano mais primitivo e mítico, tem sua imagem do mundo, o seu "Weltbild", a sua "Weltanschauung". A imagem do mundo, por mais que se baseie nos dados científicos, astrofísicos, filosóficos e teológicos, supera sempre esses quadros estanques. Todos os dados são arranjados em vista de uma unidade superior, que, como tal, não poderá ser explicada cientificamente, mas que desempenha, para a ciência mesma, a função de ponto de orientação e de compreensão da totalidade. David Bohm, Nobel de Física, sustentava uma ordem subjacente a todas as ordens, ordem essa que comanda os processos evolucionários. Formamos uma *imagem*, e não um *conceito* do mundo. A função de uma imagem do mundo é culturalmente tão importante, que sua falta ou sua decomposição significam – sempre, como Werner Jaeger em seus *Estudos sobre a cultura grega*, Johan Huizinga em sua obra *A queda do mundo medieval* ou mesmo as obras de Toynbee em *Um Estudo sobre a História* demonstraram claramente – uma dissolução da própria cultura.

5. O nascimento de um mito, sua morte e sua reabilitação

Quando várias imagens e símbolos são concatenados numa unidade formando um relato, surge o *mito*.[48] Não podemos deixar de pensar em imagens – Kant já o reconhecia, e Descartes confessava numa carta de 20 de junho de 1643 que somente algumas horas por ano se dedicava ao pensar abstrato – o restante o reservava às imagens.[49] Sempre que desejamos comunicar, utilizamos imagens e contamos histórias. O mito é a primeira resposta do ser humano no seu encontro com realidades profundas ou totais, não só religiosas mas também científicas, como as da ciência atômica, para o que chamou a atenção o Professor Hermann Dänzler, diretor do Instituto de Física Aplicada, da Universidade de Frankfurt.[50] Ele chega até a substituir a palavra modelo, das ciências exatas, por mito, embora reconheça que não é comum tal procedimento.[51] Mas os paralelos formais entre a estrutura do pensamento simbólico da moderna física e a da moderna teologia são tão surpreendentes que permitem tal substituição. Avança as seguintes quatro teses, a que aqui nos referiremos:

1) O modelo da física é uma resposta, em imagens, do espírito pesquisador do ser humano no seu encontro com a realidade física.

2) O símbolo religioso é a resposta, em imagens, do ser humano tocado e possuído pela realidade de Deus.

3) O encontro com a realidade física dá-se no mundo das coisas, mas aponta para uma "dimensão profunda" dessa realidade.

4) O encontro com a realidade de Deus realiza-se nas profundezas do espírito humano, que dá origem a uma posse de Deus, que Dänzler chama também de fé no sentido do teólogo evangélico Paul Tillich.[52]

Como transparece, os paralelos formais são grandes. Em ambos os campos, trabalha-se com o símbolo e com a imagem. Dänzler explica o porquê: "É-nos impossível exprimir em afirmações diretas tanto a profunda realidade atômica quanto a absoluta realidade de que a religião fala."[53] A via de acesso é feita por símbolos e imagens. Evidentemente que o conteúdo desse pensar em imagens e símbolos na ciência atômica e na teologia é diverso. O símbolo das ciências exatas e matemáticas é um símbolo discursivo, são modelos científicos; o da religião é um símbolo representativo, é a compreensão analógica das realidades divinas. Em ambas as esferas, porém, a realidade pensada não é simbólica, mas somente o seu modo de expressão. A realidade, contudo, é tão profunda, vasta e misteriosa que se deixa captar somente por meio de imagens e símbolos.

Os símbolos e as imagens não nascem do ar e da pura fantasia: pressupõem a realidade experimentada, que se exprime, assim, simbolicamente, e que, quando é concatenada num sistema, dá origem ao mito e às narrativas mitológicas.

Tanto os mitos, os símbolos e as imagens quanto os modelos científicos não são, no seu primeiro estádio, reconhecidos como tais. Mitos vivos, com a ajuda dos quais pensamos e nos orientamos, seja na ciência, seja na religião, negar-se-iam como mitos se se reconhecessem como tais; crê-se haver captado a realidade mesma, pensa-se ser o símbolo idêntico com a realidade. Esse primeiro estádio é ainda *naïf*: o símbolo e o mito são irrefletidos. O espírito, porém, não cansa de perguntar e de pesquisar a realidade total; aos poucos, descobre que sua profundidade é maior do que aquela revelada nos símbolos, imagens e mitos.

Inicia-se então um segundo estádio: a fase de desmitificação, de conscientização do símbolo e do mito, em que se percebe que o modelo científico não é pura e simplesmente idêntico à realidade. Aqui acontecem, geralmente, crises de fé e acirradas discussões científicas. Pode surgir até um mal-entendido profundo que se revela na pergunta: É Deus somente um símbolo? É uma mera projeção do espírito humano? Com a descoberta de que o símbolo é símbolo, e não Deus mesmo, alguns chegam a negar a existência real de Deus. Não há negação de Deus, nem a declaração precipitada de sua morte, senão apenas a verificação de que Deus é uma realidade tão profunda e transcendente que faz estourar até os símbolos e os mitos, e obriga a criar outros, mais correspondentes à nova experiência de Deus segundo cada geração. E assim surge a terceira fase, o estádio da reabilitação do mito e do símbolo, como mito e como símbolo, e não mais como identificação com a realidade simbolizada. O mito e o modelo ganham sua verdade essencial, agora aceita pela razão crítica, como a melhor forma e a mais adequada de exprimir realidades profundas e vitais, às quais nos é negado um acesso por meio de conceitos claros, precisos e próprios. Agora mostram os símbolos sua transparência – uma categoria entre a pura transcendência e a pura imanência, mas que participa de ambas: no símbolo e no mito e através deles revela-se a transcendência e comunica-se com a imanência.[54]

A nova hermenêutica dos mitos, a psicologia das profundezas, especialmente de C. G. Jung e de sua escola, a análise estruturalista da antropologia e o estudo das religiões e das mitologias revelaram que o símbolo, o mito e os modelos de interpretação não são apenas um instrumento do ser humano na sua confrontação com a realidade, para compreendê-la e dominá-la, mas também formam as estruturas mais profundas e originárias da psique humana, ainda hoje existentes e atuantes em todas as suas manifestações.[55] Por isso, elaboram-se contínua e inevitavelmente novos mitos, símbolos e modelos. O ser humano esbarra sempre com mistérios, que são muito mais que simples problemas a ser resolvidos.

Por isso, cada mito deve estar em conformidade com dois quesitos: primeiramente, deve corresponder à realidade profunda experimentada e manifestá-la por meio dos modelos e símbolos; em seguida, devem os novos mitos e modelos corresponder às estruturas antropológicas, ao sentir profundo do espírito do tempo. Mito e

Modelo são, pois, hoje, algo de consciente, de criticamente controlável pela razão e, em parte, algo de inconsciente, dependente do processo criativo das profundezas da psique.

Essas considerações não só têm valor filosófico, sociológico e religioso, mas também marcaram as ciências empíricas. A pesquisa da estrutura do átomo levou a reconhecer, por exemplo, que não existe nenhum conhecimento absolutamente objetivo, independentemente do sujeito que pesquisa. A própria ciência atômica é um modelo, com seu horizonte típico de perguntas e respostas. Só recebem respostas as perguntas que surgem dentro desse horizonte de compreensão, e elas mesmas são condicionadas pelo próprio horizonte. Daí resulta que toda a imagem do Mundo (Weltbild), por mais científica que seja, estará sempre marcada pela subjetividade e pela compreensão que o pesquisador possui do ser.[56]

Todos os modelos de interpretação adquirem, pois, sentido, somente num sistema de relações e funções; afirmações universais a partir das várias ciências exatas, acerca da totalidade da realidade, se tornaram, assim, impossíveis, sem se tornarem ideologias, que, como tais, não se conseguem legitimar ante a razão crítica. Esse fato, contudo, não leva necessariamente ao completo relativismo. Ele exige, sim, abertura para podermos compreender a realidade em seu dinamismo, em suas várias estruturas e relações de interdependência, que, por sua vez, requerem uma multiplicidade de acessos de compreensão. Isso dá origem a uma pluralidade de imagens do mundo, que não se devem excluir mutuamente, senão, dentro da lei da Complementaridade, revelar ao ser humano as dimensões da realidade total e unitária.

Essa curta e fragmentária exposição auxiliar-nos-á na compreensão da cristologia cósmica de Teilhard. Vimos que sua pergunta não concerne a aspectos da realidade, mas à sua totalidade. Essa pergunta só poderá receber uma resposta de caráter mítico, no sentido que damos acima. O mito, porém, não é só forma de expressão; os símbolos e as imagens coligadas no mito refletem uma realidade verdadeira e existente, porém tão profunda e vasta que não poderá ser apreendida por conceitos próprios. Por isso, o mito não nasce do nada, mas sim de uma experiência profunda.

Ademais, o mundo simbólico e mítico é uma janela da alma, sua estrutura mais originária. A resposta que Teilhard formula ao problema vivido por ele é, pois, mítica, no sentido positivo e pregnante do termo. O Cristo cósmico é um mito, condicionado pela pergunta que só dessa forma pode ser respondida adequadamente. Tudo indica, à diferença de Paulo, que Teilhard chegou a se dar conta do caráter mítico de sua visão. Ele assim não teria permanecido no primeiro estádio do surgimento do mito, quando identificado com a realidade mesma, mas via a fragmentariedade de sua visão.[57] As considerações que fizemos anteriormente quiseram desvelar seu caráter mítico, fazer, brevemente, num sentido positivo, uma desmitificação ou conscientização do simbólico e mítico, não para diluir o mito, senão para mostrar-lhe sua verdade, legitimidade e sentido, como resposta à pergunta pela totalidade da realidade plural e de sua unidade orgânica.

A tradição oriental formulou esse processo com a seguinte afirmação curiosa: a montanha é montanha (processo de identificação do mito com a realidade); a montanha não é montanha (distinção entre mito e realidade), e a montanha é montanha (a realidade da montanha é tão profunda que se expressa pelo mito).

A seguir, queremos comparar o modelo de Teilhard com os de outros, que, também movidos como ele, se preocuparam com a mesma pergunta sobre a unidade do Todo. Como se verá muito claramente, a resposta, no seu essencial, redunda sempre numa concepção de caráter mítico. Revela uma e a mesma dinâmica.

O mito, porém, será vivido e vestido com o material representativo de cada época. De tempos em tempos, morrem os mitos. Mas a realidade que os fez nascer está sempre aí a desafiar as inteligências e buscando irromper na consciência. Por isso, nascem sempre de novo outros mitos, que por sua vez serão outras tantas tentativas de apreender o inapreensível, de formular o informulável, e de deixar falar, o que é, *per se*, indizível.

Notas

1. Sobre *O Homem Primitivo* existe uma série de estudos muito eruditos. C. Colpe fez recentemente a história dessas especulações: *Die religions-geschichtilche Schule. Darstellung und Kritik ilhres Bildes von gnostischen Erlösermythus*, Göttingen, 1961, p. 9-68.
2. As teses de Schlier e Käsemann foram reexaminadas criticamente por H. M. Schenke, *Der Gott "Mensch" in der Gnosis. Ein religionsgeschichtlicher Beitrag zur Diskussion über die paulinische Anschauung von der Kirche als Leib Christi*, Göttingen, 1962, chegando a um resultado negativo (155s).
3. "Premier Mémoire du Père Teilhard de Chardin au Père Auguste Valensin" (1919), *in Blondel et Teilhard de Chardin. Correspondance commentée par Heinri de Lubac*, Paris, 1965, p. 33.
4. *Second Mémoire du Père Teilhard de Chardin au Père Auguste Valensin, op. cit.*, p. 45; conferir "L'ame du monde" (1918), *in Ecrits du temps de guerre, op. cit.*, p. 218-232, especialmente as explicações dos Editores, p. 216-219.
5. *Super Humanité* (1943), t. IX, p. 210-211.
6. *Le Milieu Divin*, Paris, 1957, p. 148.
7. "Note sur 'l'élément universel' du monde" (1918), *in Ecrits du temps de guerre (1916-1919)*, Paris, 1965, p. 359-362; ou também *in Forma Christi, op. cit.*, p. 335-353.
8. *Note sur le Christ-Universel* (1920), t. IX, p. 39.
9. *Mon univers* (1924), t. IX, p. 87.
10. *Blondel et Teilhard de Chardin, op. cit.*, p. 23 e 25.
11. Para S. Paulo conferir o estudo recente de W. *Thüsing, Per Christum in Deum. Studien zum Verhältnis von Christozentrik und Theozentrik in den paulinischen Hauptbriefen*, Münster, 1965, esp. p. 239-246.
12. H. G. Gadamer, *Wahrheit und Methode*, Tübingen, 1965, p. 356-357; R. G. Collinghood, Stuttgart Denken, 1955; H. J. Filkendei, *Grund und Weswn des Fragens*, Heidelberg, 1954; H. D. Bastian, *Theologie der Frage*, München, 1969, esp. p. 18-31.
13. A., Haas, *Welt in Christus in Welt IV, in Geist und Leben* 37 (1964), p. 364. Essa experiência é contida, *in* "Le Christ dans la Matière, trois histoires comme Benson" (1916), *in Ecrits, op. cit.*, p. 93-107.
14. "La Vie cosmique" (1916), *in Escrits du temps de guerre, op. cit.*, p. 47; "L'Union créatrice" (1917), *in Ecrits, op. cit.*, p. 196.

15. *Le Coeur de la Matière*, manuscrito, p. 3-4.
16. H. De Lubac, *La pensée religieuse du Père Teilhard de Chardin*, Aubier, 1962, p. 97.
17. *Lettres de Voyage* (1923-1955), Paris, 1956, p. 27.
18. *Esquises d'un Univers personel* (1936), t. VI.
19. "Le Prêtre", *in Escrits du temps de guerre, op. cit.*, p. 281-302.
20. Em: *Ecrits, op. cit.*, p. 5-61; p. 94-101.
21. *Le Coeur de la Matière*, manuscrito, p. 23.
22. *Op. cit.*, p. 19.
23. *Mon Univers* (1918), t. IX, p. 82.
24. Veja no *Le Milieu divin* (1926/1927), t. IV, p. 25, nota 1; "Le Christique", *in Le Milieu divin* (Apêndice), p. 202-203; C. Cuénot, *Pierre Teilhard de Chardin: Les grandes étapes de son Evolution*, Paris, 1958, p. 450-451; C. Mooney, *Teilhard de Chardin and the Mystery of Christ*, London, 1966, p. 22-27.
25. L. Boros, "Evolutionismus und Spiritualität. Ein Versuch über die 'geistliche Lehre' Teilhard de Chardin", *in Der groYe EntschluY 15* (1959/60), p. 255.
26. C. Tresmontant, *Introduction à la pensèe de Teilhard de Chardin*, Paris, 1956, p. 95-99.
27. Conferir a confissão de Teilhard de Chardin, em *Le phénomène humain* (1955), t. I, p. 328.
28. De civ. Dei, 10, 20; C. Faustum, 20, 21: PL 42, 384; Adv. leg. et proph., 18, 37.
29. Tertuliano, De resurrectione carnis 6: PL 2, 848; Origenes, In Gen. Hom. 1, 13: PG 12, 156; conferir A. Orbe, "El hombre ideal en la teologia de San Ireneo", *in Gregorianum 43* (1962), p. 449-491; E. Niederhuber, Imago Dei, Linz, 1964, p. 16-64.
30. Veja J. M. Y. Congar, "Ecclesia ab Abel", *in Abhandlungen über Theologie und Kirche* (Festsch. f. K. Adam), Düsseldorf, 1952, p. 79-108; H. Rahner, *Symbole der Kirche. Die Ekklesiologie der Väter*, Salzburg, 1964.
31. Em Ps. 43, 7: PL 14, 1144.
32. Em Hex. I: PG 89, 854, conferir 855 e 860.
33. Veja J. P. Audet, *La Didaché. Instructions des Apôtres*, Paris, 1958, p. 451-453.
34. Johan. Com 638; conferir H. Urs von Balthasar, "Le mystère d'Origène", *in Recherches de science religieuse 27* (1937), p. 42. Veja formulações semelhantes, *in* H. Urs von Balthasar, *Kosmische Liturgie*, Einsiedeln, 1961, p. 326; conferir também Ps 36, hom, 2, 1: PG 12, 1220; De Princ. 4, 31; 5, 191.
35. Conferir L. Scheffczyk, "Idee der Einheit von Schöpfung und Erlösung in ihrer theologischen Bedeutung", *in Tübinger Theologische Quartalschrift 140* (1960), p. 19-37; K. Rahner, "Erlösungswirklichkeit in der Schöpfungswirklichkeit", *in Sendung und Gnade*, Innsbruck, 1959, p. 51-88.

36. Veja R. Brinkmann, "Die kosmische Stellung des Gottmenschen in paulinischer Sicht", *in Wissenschaft und Weisheit 13* (1950), p. 6-33; A. Feuillet, "La création de l'univers dans le Christ d'après l'Epïtre aux Colossiens" (1, 16a), *in New Testament Studies 12* (1965), p. 1-9.
37. Veja H. Rombach, *Die Gegenwart der Philosophie*, München, 1964, p. 45.
38. Isso vale particularmente para a teologia protestante, devido ao seu exacerbado personalismo quanto à doutrina da justificação: veja O. A. Dilschneider, *Das christliche Weltbild*, Gütersloh, 1954, p. 26-34, que chama isso de "teologia da isolação" (81), da qual Lutero teria sido o principal culpado; também, do mesmo autor: *Gefesselte Kirche*, Stuttgart, 1953, p. 136-147: Die Botschaft von kosmischen Christus.
39. J. Sittler, *Zur Einheit berufen*, p. 513: veja nota 41.
40. Veja a bibliografia no final do livro.
41. Veja, *in* W. A. Visser't Hooft, *Neu Delhi, Dokumentarbericht*, Stuttgart, 1962; P. D. Devanandan, *Zu Zeugen berufen*, p. 489-498; J. Sittler, *Zur Einheit berufen*, p. 512-523 e os comentários a esses dois relatórios: W. Andersen, *Jesus Christus und der Kosmos*, Bad Salzuflen, 1963; O. Perels, "Die Verwendung der Briefe an die Epheser und an die Kolosser in den Neu-Delhi-Dokumenten", in *Ich glaube eine heilige Kirche* (Festsch, H. Asmussen), Stuttgart-Berlin, 1963, p. 212-217.
42. H. Bürkle, "Die Frage nach dem 'kosmischen Christus' als Beispiel einer ökumenisch orientierten Theologie", *in Kerygma und Dogma 11* (1965), p. 108; veja também G. Schückler, "Kirche und Kosmos. Bibel-theologische Überlegungen zur Mission", *in Neue Zeitschrift für Missionswissenschaft 22* (1966), p. 1-15.
43. "Christianisme et Evolution" (1945) 5; conferir N.M. Wildiers, *Teilhard de Chardin, op. cit.*, p. 94.
44. *Le Millieu divin, op. cit.*, p. 150.
45. Conferir L. Gabriel, Integrale Logik. "Die Wahrheit des Ganzen", Wien, 1965. Veja também, do mesmo autor: "Die logische Problematik der Totalität", *in Wahrheit und Verkündigung* (Festsch. f. M. Schmaus, edit. por L. Scheffczyk, W. Dettloff e R. Heinzmann), München-Paderborn-Wien, 1967, p. 17-29.
46. Uma ótima perspectiva das pesquisas modernas sobre o pensar simbólico oferece as seguintes principais obras: H. Looff, *Der Symbolbegriff in der neueren Religionsphilosophie und Theologie* (Kantstudien, 69), Köln, 1955; L. Fremgen, *Offenbarung und Symbol*, Gütersloh, 1954; M. Becker, *Bild, Symbol, Glaube*, Essem, 1965; S.K. Langer, "Philosophie auf neuem Wege. Das Symbol im Denken", *in Ritus und in der Kunst*, Berlin, 1957; uma obra mais antiga, porém clássica no seu gênero: E. Cassirer, *Philosophie der symbolischen Formen*, 3 t. Portland Road, 1954; J. B. Philipps, *Psychologie und Symbolik*, Stuttgart-Bern, 1962; C. G. Jung, *O homem*

e seus símbolos, com muitas contribuições (A. Jaffé, J. Jacobi e outros), Olten-Freiburg, 1968; I. Caruso, "Das Symbol in der Tiefenpsychologie", *in Studium Generale* 6 (1953); C. L. Strauss, *La pensée sauvage*, Paris, 1962; C. G. Jung e K. Kerényi, *Einführung in das Wesen der Mythologie*, Amsterdam-Leipzig, 1941; 4ª edição Zürich, 1951; J. Dournes, *L'homme et son mythe*, Aubier, 1968.

47. O *sinal* é um puro remeter e referir para fora; o sinal não é outra coisa senão aquilo que sua função exige, isto é, um apontar para; *símbolo* significa pura representação; à diferença do sinal, o símbolo participa daquilo que representa. O símbolo não só aponta para fora, mas também torna presente, *re-presenta* em si mesmo aquilo que aponta; *imagem* é o meio-termo entre o puro referir para fora do sinal e o puro representar do símbolo. A imagem não representa um outro, mas por si mesma, por seu conteúdo, o torna presente. O representado está dentro da imagem mesma, e só por ela se torna presente. De outro forma, nunca poderia estar presente. Essas definições estão baseadas na obra de H. J. Gadamer, *Wahrheit und Methode, op. cit.*, p. 145-147; *mito*, como definimos no texto, é a concatenação de um grupo de imagens e símbolos, de modo a formar um relato, uma história, uma explicação.

48. Queremos deixar bem claro que não entendemos mito em sentido negativo, ou pejorativo, como se tem ouvido, com freqüência, nas discussões sobre a "Entmythologisierung" (desmitificação) de Rudolf Bultmann. Mitos, para a psicologia das profundezas – ao menos na escola de C. G. Jung – para os etnólogos e modernos epistemólogos, são considerados elementos altamente positivos de nossa realidade, como formas de expressão para fenômenos do inconsciente e outros fenômenos de caráter numinoso e profundo, em que os conceitos perdem seu rigor e alcance de compreensão. Lévi-Straus, no seu *La pensée sauvage*, mostrou como o homem moderno é ainda um neoprimitivo, porque não pode passar sem mitos, símbolos e imagens; conferencia H. Schelsky, *Auf der Suche nach der Wirklichkeit*, Düsseldorf-Köln, 1956, 395s; C. G. Jung, no prefácio ao livro de V. White, *Gott und das Unbewuäte, Zur Psychologie westlicher und östlicher Religion*, Zürich, 1963, p. 328; J. Dournes, *L'homme et son mythe*, Aublier, 1968.

49. Citado em P. Bertaux, *Mutation der Menschheit*, München, 1949, p. 49.

50. H. Dänzer, "Das Symboldenken in der Atomphysik und in der Theologie", *in Universitas* 22 (1967), p. 367-379.

51. H. Dänzer, *op. cit.*, p. 374.

52. *Id. Ibid.*, p. 368.

53. *Id. Ibid.*, p. 369; conferir M. Born (prêmio Nobel de Física), "Simbol und Wirklichkeit", *in Universitas 19* (1964), p. 817-834: "Os símbolos são um

meio essencial na penetração da realidade que se esconde atrás dos fenômenos" (817); H. Weyl, "Über den Symbolismus der mathematischen Physik", *in Studium Generale* 6 (1953), p. 219-228; C.F. Weizsäcker, *Zum Weltbild der Physik*, Stuttgart, 1963, p. 118-123.

54. Conferir J. Splett, *Sakrament der Wirklichkeit*, Würzburg, 1968. p. 84; Teilhard viu claramente o característico dessa transparência. Ele chega a dizer: "Se nos é permitido modificar ligeiramente uma palavra sagrada, diríamos que o mistério do cristianismo não consiste exatamente na Aparição, mas na *Transparência* de Deus no Universo. Oh! sim, Senhor, não somente o raio que aflora, mas o raio que penetra. Não vossa Epifania, Jesus, mas *vossa diafania*". *Le Milieu divin, op. cit.*, p. 162; Teilhard fala ainda que todos os seres "são bifaciais por estrutura", isto é, são transparentes à realidade crística e divina: *L'hymne à l'Univers*, Paris, 1961, p. 88.
55. Veja a bibliografia no n. 46; conferir P. Ricoeur, *De l'interpretation*, Paris, 1965, p. 13-63; p. 476-529; M. Eliade, "La vertu créatrice du mythe", *in Eranos Jahrbuch*, 1956, p. 59-85, especialmente p. 66-70.
56. Conferir C. F. Weizsäcker, *Zum Weltbild der Physik, op. cit.*, p. 355-366: A antropologia como pano de fundo da física; H.H. Schrey, "Das neuzeitliche Weltbild", *in Religion in Geschichte und Gegenwart*, VI, 1628-1629. A base disso é a "relação de indeterminabilidade" (Unbestimmtbarkeitsrelation de Werner Heisenberg), segundo a qual é fundamentalmente impossível determinar ao mesmo tempo o lugar e o impulso (ou a velocidade) de um elétron. Juízos sobre a sorte de cada elétron é impossível de fazer, somente da sorte de muitos elétrons à base do cálculo estatístico e do grau de probabilidade, quando o sujeito é sempre implicado: conferir W. Heisenberg, *Das Naturbild der heutigen Physik*, Hamburg, 1955, p. 15-24; p. 32-35.
57. Veja textos *in* H. De Lubac, *Blondel et Teilhard de Chardin, op. cit.*, p. 32 e 102 e nas notas 178-180.

Capítulo IV

RESPOSTAS DE CARÁTER MÍTICO À UNIDADE DO TODO

Omitiremos, aqui, as soluções pré-socráticas e da filosofia oriental que, diante desse problema, apresentam um caráter pronunciadamente mítico. Platão, que foi um filósofo agudíssimo para essa questão, explica a unidade da realidade com sua conhecida *Alma do Mundo*. Ela é o intermediário entre o Uno e o Múltiplo, o primeiro unificador do Real, de tal modo que Platão chega a falar de um "corpo do Tudo", de um "corpo do Cosmos".[1]

Para os estóicos, o princípio de unidade e de racionalidade do cosmos reside no Logo-fogo; ele permeia tudo e nele tudo é um. Nesse contexto, empregam os estóicos, amiúde, a palavra corpo para significar a unidade da totalidade. Sêneca, na epístola 155, 52, diz que "somos todos membros de um grande corpo" (*membra sumus corporis magni*).[2]

Para os neoplatônicos, a Alma do Mundo pertence já à esfera divina. Contemplando as idéias eternas, torna-as potências capazes de transformar a matéria. Permanecendo indivisa em si mesma, se estende por todo o Universo, unificando a multiplicidade numa unidade cósmica.[3]

Os primeiros filósofos cristãos, que desde cedo utilizaram as categorias da filosofia platônica e neoplatônica – basta recordar a frase do jovem Agostinho: *via ad Christum Iesum divus Plato* ("o caminho a Jesus Cristo e o divino Platão") –, reinterpretaram a Alma do Mundo como a presença divina no Cosmos. Mais tarde, por ocasião das polêmicas trinitárias, chegou-se até a ver na Tríade plotiniana (Deus, o Demiurgo e a Alma do Mundo, também chamada *Nous*) uma preparação da Santíssima Trindade para os pagãos.[4]

Santo Agostinho levantou, repetidas vezes, esse problema da *Anima mundi*, "que não sem razão é chamada 'o espírito de Deus'", como diz em certa passagem.[5] Mas vacila:[6] por um lado, vê sua razão de ser na harmonia da multiplicidade do Universo; por outro, não encontra argumentos suficientes na razão nem nas Escrituras.[7] Por meio de Macróbio, Calcídio e principalmente Boécio, difunde-se a teoria de *Anima mundi* no mundo escolástico. Na pré-escolástica, como T. Gregory[8] o mostrou muito bem, campeavam três teorias principais sobre a Alma do Mundo, como o princípio unificador de toda a realidade:

– a *primeira* consistia em considerar o Espírito Santo o elemento vivificador e unificador;

– a *segunda* dizia ser a Alma do Mundo uma energia interior aos seres que os coligava numa unidade, energia essa posta por Deus mesmo no Universo;

– a *terceira* especificava mais a segunda e atribuía à Alma do Mundo a natureza de uma substância incorpórea que se encontra em todos os seres. Naturalmente não se pensava num panteísmo, embora por isso Abelardo também tenha sido condenado pelo Concílio de Sens (DS 368).

Quando se falava do Espírito Santo como Alma do Mundo, não se queria diluir a Terceira Pessoa, como Pessoa na matéria, mas realçar sua *atividade* unificante e criadora iniciada com a criação do mundo. No mais, essas expressões devem ser entendidas como tentativas de traduzir, para o mundo dos conceitos, uma experiência da realidade irredutível a formulações conceptuais exaustivas.

Para um pensar *monoteísta* e *teológico*, o problema se revela um pouco de outra forma e, num certo sentido, sua solução parece até mais fácil, embora aqui, como acabamos de ver, não se consigam evitar, de todo, formulações de sabor panteísta. Já no Novo Testamento encontramos expressões assim: "Deus não está longe de nós, porquanto n'Ele vivemos e nos movemos e existimos" (At 17,27-28); ou "Deus é tudo em todas as coisas" (1Cor 15,28). Deus não é só concebido como transcendente, último e derradeiro sentido da criação, que como tal já confere unidade a tudo, mas também como imanente e transparente, de forma que a unidade não é só constituída por uma atração externa, mas surge de dentro e através da própria criação.

São Paulo exprime isso numa fórmula muito feliz quando escreve: "Há um só Deus e Pai de todos, que está acima de todos (transcendente), por todos (transparente) e em todos (imanente)" (Ef 4,6). *Como* se realiza essa religação e interpenetração de Deus com a criatura e vice-versa, sem cair num panteísmo, é uma das questões mais difíceis da teologia e da filosofia religiosa. Talvez só o mito possa transmitir alguma inteligibilidade, já que ele antes sugere do que fixa as representações; mais conta a vivência do que a reduz a conceitos abstratos.

Para um pensar *cristão*, para o qual Cristo é o ponto de orientação na experiência religiosa, mesmo no que concerne à pergunta sobre a unidade orgânica de toda a realidade, abre-se um novo caminho, o caminho de uma verdadeira cristologia cósmica, como aparece claramente nas epístolas aos colossenses, aos efésios e no prólogo ao Evangelho de São João (1,31) e na epístola aos hebreus (1,23). Aquilo que o pensar monoteísta atribui a Deus (Deus tudo em todos) é atribuído, no pensar cristão, a Cristo, como Paulo o faz em Cl 3,11: "Cristo é tudo em todos."

E assim chegamos ao momento de expor a cristologia e a eclesiologia cósmicas de Paulo.[9]

Notas

1. Platão, *Timeu* 35,31 B; 32 A, C; conferir J. Moreau, *L'âme du monde de Platon aux Stoiciens*, Paris, 1939; L. Thevenay, *L'âme du monde, le dévenir et la matière chez Plutarque*, Paris, 1938.
2. Veja uma coleção de textos estóicos, in J. Dupont, *Gnosis. La connaissance religieuse dans les Epîtres de Saint Paul*, Paris-Louvain, 1949, p. 432-435.
3. Plotino, Enn. II, 9,3; IV, 9, 2.
4. Essa teoria se encontra mais representada nos padres gregos que nos latinos, pois que aqueles consideravam a Trindade mais no seu sentido econômico, em relação ao mundo e ao homem, que na sua relação para consigo mesma: veja, por exemplo, Graec. Teodoreto affect., H: PG 83, 852; Praep Eusébio, *Evangélica* XI, 20: PG 21, 901.
5. De Gen. ad litt. imp. liber 4, 17: PL 34, 226.
6. Para Agostinho foi esse problema sempre uma *magna atque abdita quaestio*: De const. Evang. I 23, 35: PL 34, 1058; conferir V.J. Bourke, "St. Augustin and the cosmic soul", in *Gionarie di Metafisica* 9 (1954), p. 431-440.
7. Veja, in Retractationes I, 11, e: PL 32, 602; De immortalitate animae, 15, 24: PL 32, 1033; De ordine II, 11, 30: PL 32, 1009.
8. T. Gregory, *Anima Mundi. La filosofia de Guglielmo di Conches e la Scuela di Chartres*, Firenze, 1955, 134-139.
9. A bibliografia sobre a cristologia cósmica de Paulo é vastíssima: conferir o elenco bibliográfico no final desta obra, em que são dados, ao todo, mais de 150 títulos, embora não só referentes a Paulo. Quanto à autoridade paulina das epístolas do cativeiro, não pretendemos entrar aqui nos méritos da discussão, que é muito intrincada e até hoje não levou a nenhum resultado verdadeiramente convincente. Conferir E. Percy, *Die Probleme der Kolosser-und Epheserbriefe*, Lund, 1964 (reimpressão fotomecânica), p. 9-15, p. 433-448.

Capítulo V

A RESPOSTA-MODELO DE SÃO PAULO: CRISTO CABEÇA DO COSMOS E DA IGREJA

Observamos logo de início que não se trata aqui de traçar um paralelo entre Teilhard e Paulo. Isso já foi feito, com resultados diversos e contraditórios.[1] A maioria desses estudos comparativos parte da solução paulina, tomada como critério de análise. Ela, porém, está envolta em tantos problemas e discussões entre os próprios estudiosos, que qualquer solução é apenas uma possibilidade a mais, discutível, entre tantas outras. Assim, a comparação entre Teilhard e Paulo se torna extremamente difícil, e sem muita exação. Ademais, aflora nessa questão um problema de compreensão de fundo, que na discussão não recebeu ainda aquela acolhida e atenção merecidas. Trata-se do ponto que abordamos acima: quais são as perguntas e os problemas que movem Paulo e Teilhard, para os quais o Cristo cósmico é uma resposta? Será que não são na realidade as mesmas preocupações que animam ambos?

1. O problema que desafia São Paulo

Como em breve tentaremos mostrar, essa hipótese parece, de fato, confirmar-se. O horizonte em que é formulada a pergunta e aparece a resposta é o mesmo. Evidentemente que a resposta em ambos recebe coloridos e traços próprios. Cada um é condicionado pelo material de representação de sua época: Teilhard, do mundo concebido em termos de evolução e convergência; Paulo, do cosmos pensado em termos estáticos, com representações pré-científicas, com espíritos bons e maus povoando os espaços cósmicos, responsáveis pelo "Caos" ou pelo "Cosmos" do mundo. Mas tudo isso forma apenas o material de representação e não ainda a resposta mesma. Aquele pode ser e é diverso; esta pode ser e é idêntica, como logo mais ensaiaremos mostrar.

Hermeneuticamente, em termos de compreensão, não se pode absolutizar a posição de um em desfavor do outro; ou erigir o ponto de vista de um a momento crítico para todos os demais pontos de vista. Isso seria contra a própria natureza do ponto de vista. Isso não é cair num relativismos total, mas sim aceitar a pluralidade dos modelos e dos acessos à realidade, obrigar-se à agilidade do espírito de pensar sucessivamente em vários horizontes de compreensão, e ver a única e grande realidade através de várias janelas, ver a única estrutura fundamental nas estruturas superficiais e a ordem subjacente a todas as demais ordens.

A comparação entre as várias possibilidades de abordagem só tem sentido real quando se tenta perguntar as próprias abordagens e descobrir o horizonte, as perguntas e as preocupações de fundo, até chegar ao núcleo e estrutura comum donde jorram todas as soluções historicamente dadas. Então se legitimam as comparações e fazem sentido as aproximações e as confrontações, porque se tem em mãos o critério de compreensão que reside na descoberta da pergunta fundamental e na sua correlação com a resposta dada.

2. Raízes vivenciais da cristologia cósmica de São Paulo

Esclarecido esse ponto, vejamos como surgiu, em Paulo, a cristologia cósmica. Como em Teilhard, ela nasceu de uma experiência radical do mistério de Cristo, e de sua irradiação universal, quer dizer, de uma experiência mística. Paulo é um gênio religioso, como o era também o padre Teilhard. Paulo não conheceu o Cristo histórico e até declara que sobre o Cristo sárquico (de carne) não quer saber muito. Cita muito poucas vezes Cristo como autoridade; com toda a certeza apenas duas vezes (1Cor 7,10; 9,14), embora seus escritos mostrem muitas reminiscências da doutrina de Jesus.[2]

Sua experiência com o Cristo ressuscitado, no entanto, lhe abriu um novo horizonte de compreensão de toda a realidade. De repente, Cristo se tornou para ele o ponto de orientação para todos os problemas humanos e religiosos. Resume, assim, sua experiência de ser humano novo: "Se alguém está em Cristo, é uma nova criatura" (2Cor 5,17). A expressão "em Cristo" e "com Cristo" não é, como diz o grande exegeta Lohmeyer, "a expressão mais ou menos difusa de uma mística em torno de Cristo, senão de uma clara e cerrada metafísica sobre Cristo".[3] O ser-em-Cristo é a nova situação ontológico-existencial do ser humano, em contraposição ao ser-na-Lei. Como antes o ser humano estava *na* lei, agia *na* lei, se glorificava *na* lei, agora na nova situação está *em* Cristo, age *em* Cristo e se glorifica *em* Cristo. Adolf Deissmann, que publicou a melhor monografia sobre o ser-em-Cristo do século XIX, chega ao seguinte resultado: "A fórmula em-Cristo caracteriza a relação do cristão com Cristo, como um *encontrar-se localmente no Cristo* ressuscitado... Que Paulo tenha compreendido isso em sentido próprio e não figurado, possui um alto grau de probabilidade."[4]

Cristo é, pois, "o elemento dentro do qual o cristão vive e dentro do qual todas as manifestações da vida cristã encontram seu lugar".[5] Ele é, como diria Teilhard, o *Milieu Divin*, a atmosfera e o elemento cósmico e novo na criação. Evidentemente que, para Paulo, isso se aplica não ao Cristo *sárquico* da história, mas ao Cristo *pneumático* da glória.

Pela Ressurreição, Cristo entrou numa outra forma de existir: a forma pneumática. Corpo e Pneuma (Espírito) não são para Paulo realidades que se contrapõem. Corpo é o ser humano na sua existência-no-mundo; Pneuma (Espírito) é o mesmo ser humano existindo na nova realidade da Ressurreição, superando o espaço e o tempo, livre das limitações deste mundo e aberto a toda a realidade. É o mesmo corpo, mas não mais sujeito às barreiras que impedem à comunicação, e, por isso, com uma dimensão cósmica.[6]

Para Paulo, como para a fé do Novo Testamento, na concisa formulação de O. Kuss, "Deus realizou, através de Cristo, sempre através de Cristo e somente através de Cristo, fundamentalmente, a salvação dos seres humanos, isto é, a total e definitiva salvação".[7] A partir de Cristo, pois, vê-se toda a realidade do passado, do presente e do futuro, como Paulo o mostra magistralmente na sua epístola aos romanos.

Qualquer problema que surge nas comunidades, como se demonstra nas epístolas católicas (nas epístolas a Timóteo e a Tito), que já refletem um cristianismo assentado, ou na epístola aos hebreus, na qual o autor, a um só tempo teólogo e pastor de almas, procura inspirar esperança e consolar cristãos perseguidos, é resolvido a partir de uma reflexão sobre Cristo. Ótimo exemplo é o fato da heresia na comunidade de Colossos. Aqui, Paulo tem a oportunidade de confrontar-se com o problema da relação entre Cristo e o cosmos, o que já acenara na epístola aos coríntios (1Cor 8,6; *cf* 3,22), e que, certamente, também está implicado na fé em Cristo como *Kyrios* (Senhor). Não que a cosmologia como tal pertença ao anúncio do Evangelho, como já Sasse deixou bem claro em sua minuciosa monografia sobre o tema;[8] mas a posição cósmica de Cristo é parte integrante da pregação de Paulo: "Ver o Universo não como algo de absoluto e autônomo mas como algo de teônomo e – isso concerne à epístola aos colossenses – como algo de cristônomo; nisso consiste a essência e o significado da cosmologia paulina." Ora, tal deve ser tido como parte da mensagem do Evangelho. Que essa doutrina não ocupe o centro da pregação de Paulo, parece seguir-se com evidência da análise dos textos mesmos conforme um exegeta que se ocupou, longamente, com a significação de Cristo para a Igreja e para o cosmos.⁹ Mas o problema está aí posto.

Desse seu confrontamento surgiram uma cristologia cósmica, na epístola aos colossenses, e uma eclesiologia com dimensões cósmicas, na epístola aos efésios, em que se retoma, como mais reflexão e sem muita polêmica, o tema levantado na comunidade de Colossos.

3. A cristologia cósmica de São Paulo como resposta à unidade do Todo

Já se tem estudado muitíssimo o tema do Cristo cósmico em São Paulo. Não pretendemos trazer aqui uma pesquisa a mais. Por nossa parte, queremos ver o mesmo tema, sob outro ponto de vista: o Cristo cósmico como resposta à pergunta pela unidade da totalidade do real. Que Paulo teve esse problema, veremos logo a seguir, quando abordarmos o contratempo que emergiu entre os cristãos de Colossos.

Esse problema da unidade já lhe surgira antes, em termos menores, nas comunidades dos coríntios e dos romanos. Aqui, ele recorre a uma palavra – corpo – que, *per se*, já exprime unidade e, na terminologia estóica da época, possuía clara conotação cósmica. Em todos os casos Paulo convida a comunidade de Corinto à unidade, com o pensamento de que o corpo, que é a comunidade (1Cor 12,27), forma uma totalidade orgânica composta de muitos membros. Em Rm 12,4s sublinha, novamente, a unidade dos vários membros num só corpo, em Cristo. Essa afirmação – a comunidade é corpo de Cristo – situa-se ainda na linha da imagem, e significa que a comunidade é inserida na história começada com Cristo.¹⁰ Corpo de Cristo mesmo, torna-se a comunidade pela recepção do corpo do Senhor na Eucaristia (*cf* Cor 10,16-17).

Nesse sentido, corpo vem a significar aquilo que expusemos antes: "Um espaço concreto e presente, no qual a comunidade é mergulhada. Exatamente através disso se torna ela uma unidade; (em grego: *hen soma* um corpo). Ele é, pois, um corpo unido, que vive no corpo de Cristo."[11] Nessa acepção, o corpo em forma pneumática, adquirida pela Ressurreição, funda uma atmosfera e um *Milieu Divin* criados por Cristo; ele é um fato dado, anterior à comunidade; ele não é produto dessa comunidade; esta, sim, é mergulhada nele, participa dele, pela Eucaristia, vive nele e dele.

Já aqui percebemos o profundo realismo do Cristocentrismo paulino e, ao mesmo tempo, sua expressão mítica, próxima, certamente, ao realismo teilhardiano. A diferença de formulações não nos deve iludir e ocultar a intenção semelhante. Da afirmação desse realismo forte, em que o corpo de Cristo é concebido como um elemento, à sua dilatação cósmica, vai apenas um passo, o que se deu nas epístolas aos colossenses e aos efésios.

Aqui, então, surge tematizado o problema da unidade cósmica formada por Cristo. Já as palavras-chave utilizadas têm todas elas um sentido de Plenitude, de Totalidade e de Unidade. As quatro preposições *n'*Ele, *para* Ele, *com* Ele, *por* Ele e o *Ele é antes de tudo*, os estóicos já as empregavam para exprimir a relação do mundo para com a divindade. Aqui são aplicadas à relação da criação para com Cristo (Cl 1,16-17).[12] Os termos *corpo, cabeça, pleroma* e *tudo* (este último ocorre 54 vezes na epístola aos efésios e 42 na carta aos colossenses); as quatro dimensões, a largura, o comprimento, a altura e a profundidade (Ef 3,18), significam, segundo J. Dupont, uma totalidade.[13]

Manobrando essa terminologia, Paulo procura responder aos problemas e às perguntas dos colossenses. Quais eram esses problemas, é difícil dizer exatamente. Uma boa base oferece o hino 1,15-20, que segundo a opinião de abalizados exegetas,[14] seria dos hereges da comunidade, o qual o autor da carta aos colossenses (Paulo mesmo ou um discípulo bem próximo) teria reassumido e corrigido, expurgando-o das afirmações heterodoxas. Tratar-se-ia de uma heresia sincretista de cristãos helenistas.[15] Eles tentavam assimilar a doutrina de Paulo sobre o corpo de Cristo, na acepção que expusemos acima, com a ajuda de elementos de sua cosmovisão que incluía simultaneamente a Demonologia e a Angelologia judeu-caldaica. Astrologia aliada aos mistérios gregos e às especulações gnósticas.[16]

Como helenistas, eles sentiam-se nessa terra alienados e errantes, irremediavelmente jogados na matéria e separados do céu. "O ser humano no mundo helenista preocupava-se não tanto com seus problemas pessoais, seus pecados e a justificação, senão muito mais com o problema do mundo, do absurdo da existência e da ameaça do destino fatal. Nesse mundo, cantava um grupo cristão, que tinha aprendido muito de Paulo, seus hinos e louvavam Cristo como o criador e o redentor do cosmos, ao qual estão sujeitas todas as Potências. Cristo não é somente o redentor do homem-indivíduo; ele é também senhor de todo o mundo. Ele é a resposta ao agudo problema dos gregos num mundo no qual Deus – e com isso o sentido e o destino das coisas – se havia perdido. Assim estavam coagidos a haver-se com um destino que eles temiam e do qual não podiam escapar."[17] Numa espécie de fusão panteísta, os colossenses interpretavam o mundo como Pleroma (plenitude plenamente realizada) penetrado todo pelo espírito de Deus que, ao mesmo tempo, era *pleromizado* (plenificado) por todos os elementos do cosmos.

As Potências (anjos) se situavam entre céu e terra e ajudavam ou impediam o acesso a Deus. A totalidade do cosmos forma um corpo único, um organismo vivo: eis a concepção do estoicismo popular do mundo como um grande corpo vivo.[18] Cristo foi interpretado de acordo com essas categorias: ele é o Pleroma; o cosmos é seu corpo, e Ele é ainda "a cabeça de tudo". Esta última expressão é de origem hebraica e quer ressaltar a proeminência de Cristo: "a proeminência cósmica de Cristo conduz", diz J. Dupont, "a dar-lhe o nome de chefe que corresponde, normalmente, em nossas epístolas (Cl e Ef) ao emprego de corpo para designar a *totalidade*, cujo chefe é Cristo".[19] Para os hereges de Colossos, porém, Cristo não era o único chefe e absoluto *Kyrios* (Senhor), senão um e, certamente, o mais elevado e digno entre tantos que mediavam o céu e a terra.

O autor da carta aos colossenses utiliza a mesma terminologia e temática: aceita o confronto de Cristo com o cosmos, mas corrige o hino de forma que haja nele uma compenetração entre Cristo-Igreja-Cosmos, que ao mesmo tempo, seja aceita pela fé na única mediação de Cristo. Essa compenetração, como os exegetas desde há muito o notaram – é exatamente aqui que se dá pomo de discórdia nas interpretações[20] – não foi muito bem-sucedida: a dimensão cósmica de Cristo e da Igreja interfere – no que diz respeito ao tema *corpo* – nas de *pleroma* e *cabeça*.

Em primeiro lugar, o autor se preocupa em salvaguardar a primazia absoluta de Cristo diante de todas as criaturas ao apelar à sua preexistência (Cl 1,15). Isso lhe concede sua primazia formulada, com um grupo cerrado de preposições que revelam sua cristologia cósmica: todas as coisas foram criadas *n'*Ele, tudo foi criado *por* Ele, Ele é *antes* de tudo e tudo subsiste *n'*Ele, Ele é a cabeça do Corpo (Cl 1,16-18). Como se depreende disso, mais não se poderia afirmar de Cristo.

No capítulo 3,11 da epístola aos colossenses, o autor dirá simplesmente que "Cristo é tudo em todos", cujo sabor panteístico-crístico não se pode esconder. Cristo é feito o "meeting-point"[21] de todo o ser. Todas essas afirmações poderiam muito bem ter sido dos heréticos, que o autor reassume sem peias, mas corrige de tal forma que abre um lugar para a Igreja; então diz: "Cristo é a cabeça do corpo *da Igreja*" (1Cl 1,18a). Cristo é, sim, cabeça do corpo; corpo, porém, não é referido ao cosmos, como queriam os helenistas da comunidade, mas somente à Igreja.[22] Paulo reserva o termo *corpo* à Igreja, como se vê em outras passagens, tais quais em Cl 1,24 e 2,19. Por que essa correção? É necessária? Eduard Schweizer pensa, com razão, que essa correção se fez necessária, pois a afirmação do hino dos hereges (Cristo é, sem mais, a cabeça do corpo, isto é, do cosmos) levar-nos-ia, inevitavelmente, a pensar a redenção de Cristo como um acontecimento meramente físico ou metafísico. O ser humano seria redimido com o simples saber que a natureza foi libertada por uma força divina. A gente deveria, em conseqüência disso, pensar, então, a redenção em termos físicos e não em termos de "historicidade", isto é, em categorias de graça e missão, em dom pessoal de amor e de exigência de submissão e entrega. A redenção não se realiza *ex opere operato* (automaticamente); ela exige nossa resposta, nossa decisão e engajamento.[23]

Contudo o autor não pode evitar, de todo, a afirmação de que Cristo seja também cabeça do cosmos porque Ele é, de fato, também seu redentor; ele o exprime de outra forma quando diz que Cristo é a cabeça das Potências todas (Cl 2,10). É bem possível que a idéia de corpo esteja subjacente à idéia de cabeça (uma idéia chama a outra), sem que *corpo* seja identificado com a Igreja, como se faz em Cl 1,18 e 1,24. Nesse sentido, é muito sintomático que em Cl 2,9, se diga, por exemplo, que "em Cristo habita toda a plenitude (pleroma) da divindade em forma *corporal*". Aqui transparece ainda um resquício da concepção herética de que Cristo é a cabeça do corpo, isto é, do cosmos. Ele é, em todos os casos, cabeça simultaneamente do cosmos e da Igreja.[24] Como tal, ele reconcilia tudo (Cl 1,20), abole todas as barreiras que separam céu e terra, destrói os obstáculos de raças e de condição social que dividem os seres humanos (Cl 3,11) e se faz assim o sacramento da unidade cósmica.[25] Como, porém, Cristo é, simultaneamente, cabeça do corpo da Igreja (Cl 1,18a) e cabeça das Potências, que não pertencem à Igreja mas ao cosmos, estende-se, pois, o corpo para além dos limites da Igreja; com isso, abre-se, pois, uma nova perspectiva cósmica.

Como transparece, a interpretação Cristo-Igreja-Cosmos não conhece limites estanques, não é cabal e de todo feliz, como teria gostado o autor da epístola aos colossenses. Por si mesma, a idéia de corpo teria uma significação cósmica, como é claro no estoicismo; o autor, porém, procura restringir esse sentido somente à Igreja, sem contudo conseguir de todo limpar a idéia da ressonância cósmica, devido à sua ligação com o tema *cabeça*.

Como já dissemos, a idéia de corpo congraça as idéias de Totalidade e de Unidade, resposta à pergunta que o autor fez, acerca da unidade da totalidade da criação em Cristo. Assim se diz, em Efésios 2,16, que "os judeus e os pagãos são reconciliados num só corpo"; que ambos "são membros de um mesmo corpo" (Ef 3,6); "todos são chamados num só corpo" (Cl 3,15) etc.

A mesma idéia de Unidade e Totalidade retorna, com mais veemência, nos textos que falam do pleroma. (Plenitude).[26] Esses textos se compreendem como complementação da idéia de corpo e intencionam ressaltar o aspecto cósmico da obra redentora de Cristo e da mediação da Igreja. O termo pleroma é usado tanto para Cristo (Cl 2,9-10; Ef 1,22-23; 4,10) como para a Igreja (Ef 1,23b). Isso vem dizer que a Igreja participa de toda ação unificadora e renovadora de Cristo, seja nos seres humanos, seja no cosmos. Ela é o lugar em que a ação revolucionária de Cristo se manifesta, se torna um fenômeno histórico, chega à consciência e forma uma comunidade; ela é, nesse sentido, como um sacramento que manifesta e, ao mesmo tempo, realiza o senhorio absoluto e cósmico de Cristo; nela e por ela a salvação é a cada momento atualizada e se torna presente aos olhos do mundo.[27]

A mesma idéia de Totalidade e Unidade está contida na palavra *cabeça*, como já foi dito. Isso aparece claramente em Ef 1,9-10, em que se fala da união de todas as coisas sob uma só cabeça, em Cristo.[28] O cosmos só ganha sentido e unidade nessa recapitulação, nessa ordenação em uma só cabeça. Pelo fato de que essa recapitulação, por ora, só se manifesta na Igreja e só nela é aceita e professada,[29] então toda a construção e o alargamento da Igreja significam construção do novo mundo encabeçado por Cristo.

A Igreja realiza esse novo ser inaugurado por Cristo de dois modos: por si mesma, pelo aumento de sua graça e abertura a Deus e a Cristo, e por sua obra missionária. A missão não significa, para ela, alargar o seu próprio horizonte, ganhar mais adeptos e enraizar-se no mundo, mas sim o trabalho de desmascaramento das Potências inimigas de Deus e do ser humano: primeiramente a própria alienação essencial humana (pecado), depois suas manifestações pessoais e sociais, como o egoísmo, a exploração do ser humano por outro ser humano e a adoração dos ídolos criados por mão humana. Missão jamais é proselitismo, mas significa trabalho de introduzir o ser humano na nova ordem, dar-lhe um comportamento novo e correspondente a essa ordem. Dessa forma, o ser humano na Igreja tem a possibilidde de orientar o cosmos a caminho de Deus, unido sob a única cabeça, em Cristo.[30]

Nesse sentido, a Igreja é já nesse velho *éon*, o *mundus reconciliatus* (o mundo reconciliado),[31] como dizia Agostinho, aquele pedaço do mundo que vive da única utopia real, isto é, do novo céu e da nova terra, utopia introduzida pela mensagem e pela obra de Cristo, que se organiza, socialmente, tornando-se, assim, uma comunidade de grandeza histórica.

4. O grau de verdade do Cristo cósmico de São Paulo

Do exposto, pode-se colher, com relativa clareza, a solução paulina do problema que a comunidade de Colossos lhe preparara, isto é: a relação e o entrosamento entre Cristo-Igreja-Cosmos, o princípio de Unidade de toda a realidade, que ele exprime numa terminologia típica da época: as coisas do céu e da terra, visíveis e invisíveis, tronos, dominações, principados e potestades (Cl 1,16). A resposta não poderia ser outra: Cristo é o elo de união em todos os seres, porque tudo foi feito n'Ele, por Ele e para Ele, Ele é a cabeça tanto do cosmos como da Igreja; Ele é o pleroma. Nada existe sem Ele e tudo tem n'Ele sua subsistência.

O que aqui se diz são coisas inauditas, se pensarmos que Paulo tem diante de si não Deus simplesmente, mas um *Homem* que é, ao mesmo tempo, Deus; ao Homem-Deus, ele atribui todas essas qualidades,[32] que agora, ressuscitado e existindo na forma de Pneuma, estende sua ação sobre todo o cosmos. Disso tudo se segue que a criação tem, em seu ser mais íntimo, traços crísticos, espelha em miríades de facetas diferentes o mesmo rosto e forma que o corpo cósmico de Cristo.

O grau da verdade destas afirmações só é captável se entendermos o sentido da pergunta pela Unidade da Totalidade. Se não compreendermos esta temática – e nós dissemos que o sentido de Unidade é um dado protoprimário da existência e, por isso, por todos realizável, e, também, sempre realizado, embora, talvez, não seja sempre levado à consciência e, como tal, tematizado – então vale o que dizia Sören Holm, quanto ao texto "tudo foi criado em Cristo" (Cl 1,16): "O conteúdo deste texto não é nem verdadeiro nem falso, pois isso nos exigiria, primeiramente, conhecer seu sentido. É possível que Paulo, à base das pressuposições de seu tempo, tenha encontrado aí um certo sentido; a um exegeta, hoje, porém, isso é impossível."[33]

Discordamos de Sören Holm e lhe respondemos: se a pergunta pela Unidade do Todo tem um sentido – e ele, certamente, não poderá negá-lo, porque uma experiência não pode ser negada; o que pode ser questionada é sua interpretação –, então tem também sentido para os cristãos falar da criação em Cristo e, a partir daí, de um Cristo cósmico. Perguntar pela verdade de tais afirmações – tudo foi criado em Cristo, tudo tem nele sua substância, Cristo possui uma dimensão cósmica – é perguntar pela verdade do mito, porque o mito é a forma de expressão adequada às perguntas que concernem à realidade total como totalidade. Perguntar pela verdade do mito, porém, é perguntar pelo seu sentido na interpretação da existência, como o sentiram, muito bem, Mircea Eliade e K. Kerényi.[34] O mito do Cristo cósmico encontra seu sentido exatamente aqui, como resposta do espírito à experiência da Unidade do Todo, visto dentro da experiência cristã.

Que se atribua também à Igreja uma dimensão cósmica, isso deve-se ao fato de que, para a fé cristã, Cristo é impensável sem a Igreja. É na Igreja e através da Igreja, como comunidade dos que se reúnem ao redor do nome de Cristo e daquilo que esse nome significa para o ser humano e para o mundo, que Cristo hoje nos atinge, faz-se presente, é crido e vivido e anunciado como chance de nova existência. Ela continua-lhe a obra entre os homens, realiza-a em germe em si mesma e, sob sinais, manifesta-a aos outros. Seus limites são os limites de Cristo, e os limites de Cristo são o Universo.

Por isso podia escrever o grande estudioso de São Paulo, H. Schlier: "Não existe nenhum âmbito da existência que não seja também o âmbito da Igreja. A Igreja é, fundamentalmente, destinada para o Universo; ela tem seus limites somente no Universo; não há nenhuma realização do senhorio de Cristo sem a Igreja e fora dela; nenhuma Plenitude, sem a Igreja ou fora dela. O modo como o Universo cresce em direção a Cristo é o modo como a Igreja cresce..."[35]

Naturalmente, o pressuposto geral desta solução é a fé que em Cristo se realizou algo de absolutamente determinante para todos os homens e para o cosmos todo. Sem esta fé, podemos dizer com a epístola aos hebreus: "No presente, é verdade, ainda não vemos que tudo lhe esteja submetido" (Hb 2,8). Mas, através da fé, a comunidade das origens intuiu a dimensão cósmica de Cristo, como se revela nas passagens que, resumidamente, analisamos acima. Nesse sentido, é interessante notar um *Agraphon* no *Logion* 77 do evangelho copta de São Tomé, no qual se fala, com muita clareza, da "ubiqüidade cósmica"[36] do Cristo pneumático. Aí diz Cristo: "Eu sou a luz que está sobre todas as coisas. Eu sou o Universo. O Universo saiu de mim e o Universo retornou a mim. Rache um pedaço de lenha e eu estou lá dentro; levante uma pedra e estou lá debaixo."[37]

Aqui temos uma compreensão pancrística da realidade. O Senhor não está longe de nós; ele nos vem ao encontro, através dos próprios elementos da natureza, pois que eles pertencem, no mais íntimo de seu ser, à própria realidade de Cristo. A frase do evangelho apócrifo de São Tomé diz o mesmo que a frase de Mt 28,20, somente em outras categorias, não personalistas mas cósmicas: "Eu estarei convosco todos os dias até a consumação dos séculos."[38]

Como transluz dessa curta exposição da cristologia e eclesiologia cósmica de Paulo, a intenção dos textos, quer paulinos quer teilhardianos, visam a exprimir a mesma fé: Cristo é o liame entre todos os seres; é aquilo pelo qual a criação forma diante de Deus uma unidade pelo fato da criação, da redenção e da elevação; que são todas obras de Deus realizadas "em Cristo".[39] O *como* cada autor reveste e concretiza esta verdade, narrando e criando o seu mito, depende das representações cosmogônicas de sua respectiva época.

Em todos os casos, a partir de Paulo, entrou no cristianismo a visão cósmica de Cristo e de sua Igreja. Em comparação com Paulo, as perspectivas posteriores não fizeram avançar muito a questão.[40] Isso se deve talvez ao perigo latente de um inaceitável Pancristismo na linha do *Deus sive natura sive substantia* como em Spinoza, por um lado, e, por outro, devido à quase insuperável dificuldade de compreensão conceptual de tal unidade plural crística. Apesar disso, encontram-se, na tradição, expressões arrojadas que sublinham a extensão cósmica do mistério da Igreja e de Cristo.

Orígenes, o maior pensador do cristianismo antigo, diz que "não só a humanidade forma o corpo de Cristo, senão talvez, também o Universo das criaturas".[41] M. Victorinus, na pré-escolástica, chama ao corpo de Cristo de *catholicum*, porque abarca, em si, todo o cosmos.[42]

Não é aqui o lugar de fazer uma pequena história dessa concepção cósmica. Nossa intenção consiste, apenas, em mostrar, à mão de outros modelos de épocas diversas, como essa pergunta sobre a Unidade do Todo foi sentida, e como recebeu sua formulação. Os paralelos tanto na colocação da pergunta como na expressão da resposta são, surpreendentemente, semelhantes ao modelo de resposta dada por Teilhard.

Já consideramos o modelo-resposta paulino. Demos um salto de 1.300 anos e vejamos como um escolástico viveu e resolveu, com o material representativo de seu tempo, o mesmo problema.

Notas

1. Chegaram a um resultado mais negativo no estabelecimento de um paralelo entre Paulo e Teilhard: L. Scheffezyk, "Die 'Christogenèse' Teilhard de Chardins und der kosmische Christus bei Paulus", *in Tübinger Theologische Quartalschrift 143* (1963), p. 136-174; A. Feuillet, *Le Christ Sagesse de Dieu d'après les Epîtres pauliniennes*, Paris, 1966, p. 379-384; G. Crespy, "Le Christ du P. Teilhard de Chardin", *in Revue de Philosophie et Théologie 9* (1959), p. 297-321; H. E. Hengstenberger, "Untersuchungen zur Christologie Teilhard de Chardin", *in WiWei 26* (1963), p. 165-179 ou *in Evolution und Schöpfung*, München, 1963, p. 1477-154; juízo mais favorável pronunciaram: C. Mooney, *Teilhard de Chardin and the Mystery of Christ*, London, 1966; A. Gugenberger, "Christus und die Welt nach Teilhard de Chardin", *in Theologie der Gegenwart 8* (1965), p. 9-19; J. Jerkovic, *Teilhard de Chardin: O Evangelho do Cristo cósmico, op. cit.*
2. Conferir C. H. Dodd, *The Autoority of the Bible*, London e Glasgow, 1960, 266s.
3. F. Lohmeyer, *Grundlagen paulinischer Theologie*, Tübingen, 1929, p. 145; A. Schweitzer, *Die Mystike des Apostels Paulus*, Tübingen, 1930, p. 11, 13, 365-369.
4. A. Deibmann, *Die neutestamentliche Formel "in Christo Jesu"*, Marburg, 1892, 97-98.
5. *Id.*, 81.
6. *Id.*, 95-97: J. A. T. Robinson, *Le corps. Étude sur la Théologie de Saint Paul*, Lyon, 1966, 85-130.
7. O. Kuss, "Nomos bei Paulus", *in Münchener Theologische Zeitschrift 17* (1966), 212.
8. Veja *Kosmos* no Theologisches Wörterbuch zum NT, III, 887 e as observações de L. Scheffczyk, *Die 'Christogenèse', op. cit.*, 152-157.
9. M.A. Wagenführer, *Die Bedeutung Christi für Welt und Kirche*, Leipzig, 1941, 82.
10. Conferir E. Schweizer, "Soma", *in Theologisches Wörterbuch zum NT* (ThWNT), VIII, 1067.
11. *Id.*, 1969.
12. A. Feuillet, *Le Christ Sagesse de Dieu, op. cit.*, p. 80-81; p. 203-204.

13. J. Dupont, *Gnosis. La connaissance religieuse dans les Epîtres de St. Paul*, Paris-Louvain, 1949, p. 420.
14. Um bom resumo das várias opiniões sobre esse hino encontra-se em A. Feuillet, *Le Christ Sagesse, op. cit.*, p. 248-254.
15. G. Bornkamm, "Die Häresie des Kolosserbriefs", *in Das Ende des Gesetzes*, München, 1957, p. 139-156.
16. *Id.*, p. 141-142; H. Hegermann, *Die Vorstellunge vom Schöpfungsmittler im hellenistischen Judentum und Urchristentum*, Berlin, 1961, p. 88-93.
17. E. Schweizer, "Kirche als der missionarische Leib Christi", *in Kirche heute*, Bergen-Enkheim, 1965, p. 26; *Id.*, "Jesus Christus Herr über Kirche und Welt", *in Libertas christiana* (Festsch, J., Delekat), München, 1957, p. 175-187.
18. Veja os textos em J. Dupont, *Gnosis, op. cit.*, p. 431-440.
19. *Id.*, p. 426; p. 440-453.
20. Veja a obra de H. J. Gabathuler, *Jesus Christus Haupt der Kirche-Haupt der Welt. Der Christushymnus Kolosser 1, 15-20, in der theologischen Forschung der letzten 130 Jagre*, Zürich-Stuttgart, 1965, em que minuciosamente historia as discussões dos últimos 130 anos, especialmente p. 125-181.
21. J. B. Lightfoot, *St. Paul's Epistles to the Colossians and to Philemon*, Michigan, 1879, p. 155.
22. Veja H. Conzelmann, *Der Briefe an die Kolosser*, Göttingen, 1962, p. 138; E. Schweizer, "Soma", *in ThWNT*, VII, 1072.
23. E. Schweizer, *Kirche als der missionarische Leib Christi, op. cit.*, p. 26-27; *conferir* G. Bornkamm, "Christus und die Welt in der urchristlichen Botschaft", *in Das Ende des Gesetzes*, München, 1963, p. 157-172, esp. 168.
24. I. J. Du Plessis, *Christus as Hoff van Kerk en Kosmos*, Groningen, 1962, p. 116-131; H.J. Gabthuler, *Jesus Christus Haupt der Kirche-Haupt der Welt, op. cit.*, p. 150-181.
25. Nesse sentido interpreta: W. Bieder, "Christ the Sacrament for the World", *in Theologische Zeitschrift 19* (1963), p. 241-249, esp. 247.
26. Conferir J. Gewiess, "Begriffe 'pleroun' und 'pléroma' im Kolosserund Epheserbrief", *in Vom Wort des Lebens* (Festsch, a M. Meinertz, edit. N. Adler), Münster, 1951, p. 128-141; E.S.B. Bogdasavich, "The Idea of Pleroma in the Epistles to the Colossians and Ephesians", *in The Downside Review*, abril, 1965, p. 118-130, e ainda J. Dupont, *Gnosis, op. cit.*, p. 453-476; G. Delling, "Pleroma", *in ThWNT*, VI, p. 293-309.
27. V. Warnach, "Kirche und Kosmos", *in Enkainia* (edit. por H. Emonda), Düsseldorf, 1956, p. 187; G. Wingren, "Welt und Kirche unter Christus dem Herrn", *in Kerygma und Dogma 3* (1957), p. 53-60, esp. 57; H. Schlier, *Der Brief an die Epheser*, Düsseldorf, 1957, p. 65; G. Schückler, "Kirche und Kosmos", *in Neue Zeitschrift für Missionswissenschaft 22* (1966),

p. 4, em que diz que "a Igreja é o *sacramento* da salvação definitiva em Cristo oferecido a todos os homens"; conferir também H.D. Wendland, *Kosmos und Ekklesia* (Festsch, a W. Stählin), Kassel, 1953.
28. H. Schlier, *Der Brief an die Epheser, op. cit.*, p. 65.
29. O. Perels, "Kirche und Welt nach Epheser und Kolosserbrief", *in Theologische Literaturzeitung 7* (1951), p. 394.
30. R. Schnackenburg, *Gottes Herrschaft und Reich*, Freiburg, 1959, 221s; E. Walter, *Christus und der Kosmos*, Stuttgart, 1948, p. 55.
31. Sermo 96,8.
32. Conferir R. Brinkmann, "Die kosmische Stellung des Gottmenschen in paulinischer Sicht", *in Wissenschaft und Weisheit 13* (1950), p. 6-33.
33. S. Holm, "Religion-Sprache-Wirklichkeit", *in Neue Zeitschrift für systematische Theologie und Religionsphilosophie 9* (1967), p. 141.
34. M. Eliade *Images et symboles*, Gallimard, 1952, p. 9-31; K. Kerényi, "Ursprung der Mythologie"; *in Einführung in das Wesen der Mythologie*, Amsterdam-Leipzig, 1941. 4. ed., Zürich, 1951.
35. H. Schlier, *Der Brief an die Epheser, op. cit.*, p. 169.
36. J. Jeremias, *Unbekannte Jesuworte*, Gütersloh, 1963, p. 102.
37. J. Jeremias, *op. cit.*, p. 100.
38. De fato na versão grega do Evangelho de São Tomé (Oxyrhynchus-Papyrus 1, adágio 5) se encontra o referido ágrafo no seguinte contexto: "Jesus diz: Sempre que dois estiverem juntos, eles não estarão sem Deus; onde um estiver só, eu digo: eu estou com ele": J. Jeremias, *op. cit.*, p. 100.
39. Conferir A. Feuillet, "La création de l'univers dans le Christ d'après l'Epître aux Colossiens" (1, 16a), *in New Testament Studies 12* (1965), p. 1-9; *Id., Christ Sagesse, op. cit.*, p. 202-217.
40. A história das idéias sobre o Cristo cósmico ainda não foi feita; veja um pequeno resumo *in* V. Warnach, *Kirche und Kosmos, op. cit.*, p. 170-182; E. Mersch, *Le Corps mystique du Christ II*, Paris-Bruxelles, 1951, p. 243-252; muitas idéias se encontram também em R. M. Roxo, *Teologia do cosmos*, Petrópolis, 1955, p. 36-90.
41. In ps. 36, hom. 2.
42. Comm. in Gal.: PL 8, 1196s; in Eph. ebd. 1241.

Capítulo VI

OUTRAS PROPOSTAS À UNIDADE DO TODO

A idéia do Cristo cósmico, como será mostrado detalhadamente por M. Fox, que apresentaremos mais adiante, sempre esteve presente no cristianismo. Não tanto na versão oficial, mas na vivência dos místicos. Houve também teólogos que especularam sobre o Cristo imerso na criação. Do mundo medieval queremos relevar apenas a figura de um teólogo franciscano, o cardeal Vital du Four (1260-1327).[1]

1. A resposta-modelo de um escolástico: Vital du Four, um precursor de Teilhard?

Esse pensador é um dos poucos escolásticos que tematizaram essa pergunta sobre a unidade do todo numa perspectiva cristológica. Evidentemente, quem realizou isso teologicamente de uma forma genial e até hoje exemplar foi João Duns Scotus,[2] sob cuja influência se encontra também Teilhard de Chardin. Isso foi tornado público pelo padre Gabriel Allegra no congresso internacional sobre Duns Scotus, em Oxford e Edinburg, pois conviveu com Teilhard na China por vários anos.³ Scotus, porém, não acentuou, especialmente, a relação cósmica de Cristo. Apenas situou sua primazia mais numa perspectiva teológico-sobrenatural. Vital du Four, seu discípulo, pelo contrário, mostra em suas principais obras um interesse todo especial pelo lado cósmico do senhorio de Cristo.⁴ Primeiramente, revela uma surpreendente admiração pela unidade da realidade. Essa unidade não é de simples agregação, como sempre insiste, mas interna,⁵ de forma que dos seres inferiores aos superiores corre uma linha reta.⁶ O que faz, porém, a unidade do todo? Qual é o seu princípio interno? A observação mostra, diz Vital du Four, que em todas as ordens do ser está presente uma dinâmica tendendo para a mais alta unidade: *perfectio universi habet latidudinem basis et tendit in conum* ("a perfeição do Universo possui uma ampla base e termina num cone").⁷

A observação manifesta, outrossim, que o ser humano é um *minor mundus* (um pequeno mundo),⁸ e que sua unidade é o sentido mesmo da unidade da natureza.⁹ A unidade do ser humano, no entanto, encontra seu termo em Cristo,¹⁰ que, dessa forma, se torna o sentido último de toda unidade e o exemplar de todos os seres complexos.

Para resumir toda uma longa exposição, traduzimos aqui uma página desse doutor franciscano, que resume à maravilha sua concepção. Como se poderá averiguar, Vital du Four emprega a mesma forma literária dos cones e das pirâmides de Teilhard de Chardin¹¹ e do Professor A. Haas, que deu forma acabada à cosmovisão de Teilhard, como veremos depois.¹² Evidentemente, não existe nenhuma influência do cardeal-frade sobre ambos. A mesma intuição fundamental sugeriu, contudo, a mesma ou semelhante formulação literária.

"O mundo", segundo Dionísio Aeropagita, no *De divinis Nominibus* (capítulo 7), "é uno porque as partes inferiores dele se unem às partes superiores. Se considerarmos atentamente a ordem do Universo, então constatamos o seguinte fenômeno: que a união nos seres inferiores se realiza por muitos elementos e pela natureza tomada no sentido mais universal possível. Para essa constatação, não se faz necessário analisar todos os graus de ser: ela é patente já nos mais manifestos. Assim, o mundo mineral se liga ao mundo vegetal em todas as plantas; o mundo vegetativo se liga ao mundo sensitivo com menos elementos, pois só se efetua num gênero, isto é, no animal; portanto, o mundo sensitivo, que é a finalidade intrínseca da natureza inaminada, liga-se ao mundo intelectivo, não em todo gênero, mas somente numa espécie, isto é, no ser humano.

Vê-se, pois, que no Universo, as partes mais evoluídas dos seres inferiores não se unem em toda sua extensão e âmbito às partes menos evoluídas dos seres superiores. A matéria não organizada se liga com muito mais elementos que a organizada, como o mineral, por exemplo; este se liga com menos elementos que o vegetativo; o vegetativo com menos que o animal. *Tal fato significa que a perfeição do Universo arranca de uma base muito larga e se desenvolve em forma de cone ascendente, até terminar no ponto da união do Verbo de Deus com a natureza humana.*

Dessa averiguação, segue-se o seguinte: Na sua ascensão até esse ponto máximo da união do Verbo de Deus com a natureza humana, o Universo não se liga, nos seus elementos, por todas as suas espécies, a não ser pelas partes mais perfeitas dessas espécies. Assim, o vegetativo se une ao sensitivo pelas suas partes mais evoluídas, e não pura e simplesmente através de todo o gênero vegetativo. Somente as partes mais evoluídas desembocam no mundo animal. Repetindo a mesma afirmação em outras palavras: a natureza menos evoluída nunca se une à mais evoluída por toda a sua extensão horizontal, senão pela vertical, isto é, pela ponta de seu cone, o que vale dizer, pelas suas partes mais perfeitas e evoluídas. Assim, por exemplo, o mundo sensitivo não se une em todas as espécies ao mundo intelectivo, mas apenas pela ponta de seu cone, que é o ser humano mesmo, mas na condição de que é o ser mais perfeito do mundo sensitivo.

Note-se ainda o seguinte fato: na linha da evolução ascendente, quanto mais se ascende, mais estreita é a base dos cones que se unem aos superiores a começar pelos inferiores, e tanto mais perfeitos são os seres. O cone formado pelo mundo vegetativo tem, evidentemente, uma base muito larga e se ergue mais alto que os outros. Esse cone ou essa pirâmide tem, por assim dizer, a ponta obtusa, porque se une à base do outro cone, não através de um indivíduo, mas desemboca em todo um gênero, isto é, nos animais. O cone formado pelo mundo sensitivo ou sua pirâmide que se une ao intelectivo tem da mesma forma uma base mais estreita e se apresenta mais perfeito e evoluído. Na sua ponta está uma só espécie, o ser humano, que possui um grau de ser maior que o animal. O cone ou a pirâmide do ser humano, que se une com Deus, tem, por sua vez, uma base ainda mais estreita. Ele se liga num único ser humano a Deus, isto é, em Cristo, que possui uma perfeição racional maior que qualquer outro ser humano. Não se nota, em tudo isso, que há uma ordem nas coisas e a união entre elas se faz na forma de uma pirâmide ascendente?"[13]

Até aqui o texto surpreendente de Vital du Four, texto de uma clareza e intuição cristalinas, dispensa qualquer comentário. Há nele indícios de uma concepção evolutiva do cosmos, que vai além da teoria tradicional das *rationes seminales* (razões seminais). Observa: "O mundo atual tem seu ser em contínua evolução e, somente na parusia, será confirmado numa forma que não evoluirá mais."[14] A mão de Deus – A. Haas diria o plano de Deus – dirige essa ascensão de toda a matéria até o ser humano e do ser humano até Deus.[15] Somente a alma racional e os anjos, Deus os cria imediatamente; todos os demais seres, repete o cardeal, através de agentes criados.[16]

Ele não se cansa de dizer que o fim de tudo é o ser humano, especialmente o "benedictus homo" Cristo. No ser humano está presente toda a natureza criada, ele é o feixe (fibula) de todas as coisas.[17] O corpo de Cristo é composto de todos os elementos da criação[18] e, por isso, insiste Vital du Four, ele é a cabeça da criação,[19] não segundo a sua divindade, mas segundo a sua humanidade. Toda a matéria recebe nele toda a sua cristificação. No gráfico exposto a seguir representaremos em paralelo o modelo de Vital du Four com o do conhecido biólogo e filósofo da natureza Adolf Haas;

acrescentaremos ainda o modelo de um franciscano brasileiro[20] cuja visão se aproxima muito dos dois acima, sem ter sofrido deles influência direta, senão por meio da teologia escotista.

Nas obras de Alquimia encontramos abordado, com renovada insistência no mundo medieval, esse problema da Unidade da Totalidade. C. G. Jung ilustrou-o com enorme erudição.[21] Chegou a verificar também – e com isso tornou compreensivos os enigmáticos e intrincados textos dos alquimistas – que a Alquimia está em estreita e direta ligação espiritual com o movimento gnóstico dos primeiros séculos da Era Cristã. É conhecido que, para ambos, o problema da unidade cósmica, do princípio da *coincidentia oppositorum* (coincidência dos opostos) estava no centro das especulações. Por exemplo, a sempre buscada Lápis das obras alquimistas era entendida como paralelo do Cristo cósmico: a Lápis (pedra mística) é considerada um espírito material, a um tempo *Nous* e *Physis*, Redentor mortal e imortal, rejeitada por todos, mas feita pedra angular de toda a estrutura cósmica; a Lápis é pensada ainda como o Filho da Matéria, como um Mistério na matéria dos elementos, responsáveis pela unidade do Todo.[22] Aqui o caráter mítico da resposta é de uma evidência imediata.

2. A resposta-modelo de G. Leibniz: Cristo como o vínculo substancial

Esse problema surge, novamente, com o grande filósofo e sábio universal Leibniz (1646-1716), por ocasião de uma troca de correspondência com o jesuíta holandês De Bosses acerca do mistério da transubstanciação eucarística. Como M. Blondel deixou claro, esse problema, em Leibniz, não despertou propriamente, devido à doutrina eucarística; ele é muito mais originário.[23] Leibniz pergunta-se pela unidade orgânica das substâncias materiais complexas, pela sua solidez interna.

MODELO DE A. HAAS – TEILHARD DE CHARDIN

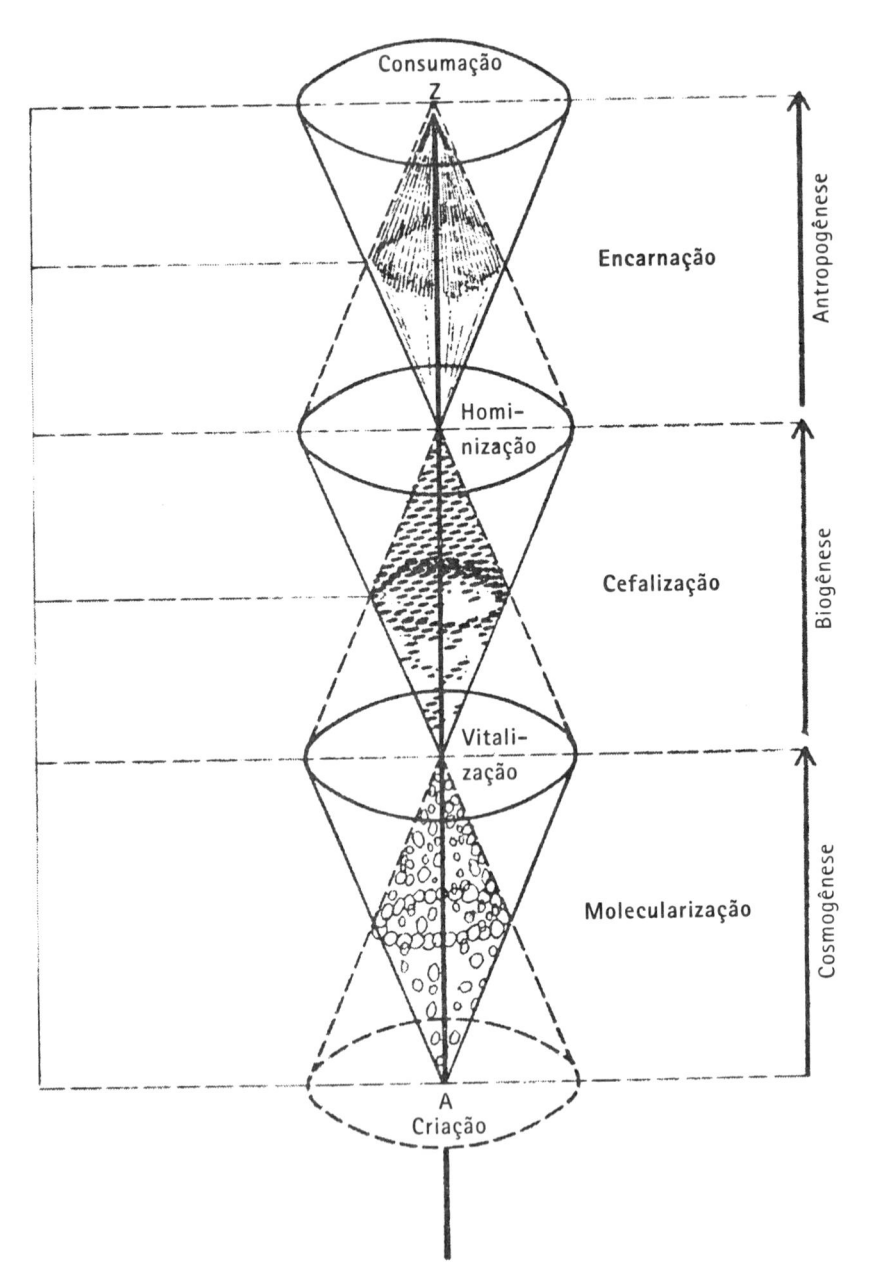

Eixo A-Z: o plano divino da criação

MODELO DE CARMELO SURIAN

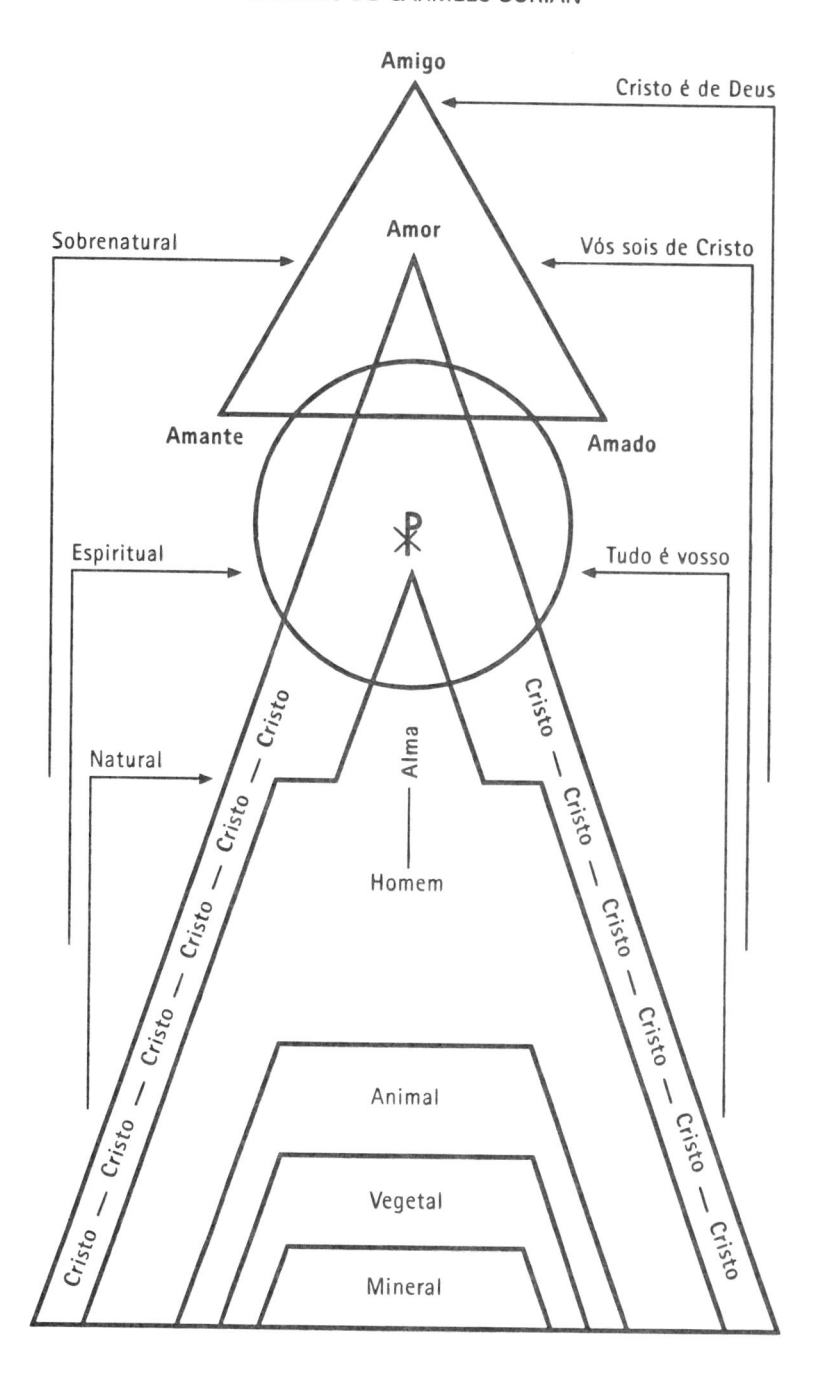

O que confere coesão aos seres organizados hierarquicamente? Acima dos elementos metafísicos simples, que a análise metafísica supõe em todos os seres complexos, existe ainda uma realidade dominante, que unifica esses elementos e que não se deixa reduzir a esses elementos somente, senão que vai além deles e os segura dentro de uma unidade e hierarquia.[24] Qual a origem da unidade de toda a realidade? Conhecida é a teoria de Leibniz sobre a "harmonia preestabelecida", característica de todo o seu minucioso sistema. Contudo, para esse fato irredutível da experiência da unidade totalizante, ele excogitou uma outra teoria, tomada notória sob o nome: a teoria do *Vinculum substantiale* (vínculo substancial). Essa teoria tem desnorteado bastante os estudiosos de Leibniz, porque parece ir de encontro à sua tese mais fundamental das mônadas e da harmonia preestabelecida entre elas, como explicação da multiplicidade e da unidade.

Blondel tentou mostrar, com muita erudição, a autenticidade dessa especulação leibniziana sobre o vínculo substancial.[25] Ele não tomava lá muito a sério suas concepções, mesmo as mais caras. Era um sábio sedento da verdade, um gênio aguçado para os fenômenos e para a observação exata.[26] Por isso, ele nos expõe o dilema: ou encontramos uma explicação para esse fenômeno inegável da unidade da realidade, e, então, devemos admitir algo como um vínculo substancial, ou então cairemos num idealismo que se afasta cada vez mais da realidade.[27] Por isso, a teoria do vínculo não é só uma necessidade da razão, mas também da realidade mesma: *Non datur, non implicatur, non requiritur, sed (quod multo melius est) exigitur* ("não é dado, nem implicado, nem requerido, mas o que é muito melhor, é exigido").[28]

O que é esse vínculo substancial, responsável pela unidade metafísica superior? Leibniz não sabe como determinar-lhe a natureza, que escapa a qualquer conceptualização. Nem formula uma solução mítica para dar-lhe contornos aproximativos. Diz simplesmente: é um novo gênero de existência (*novum subsistendi genus*), é mais um componente que um composto, mais unificador que união.²⁹ A doutrina católica da transubstanciação, segundo Leibniz (ele era protestante e pertencia a *Confessio* augsburgiana),³⁰ implica a admissão de um vínculo substancial: o Cristo vivo, penetrando, transformando e unificando toda a matéria.

3. A resposta-modelo de M. Blondel: um pancristismo metafísico

Em estreita relação e dependência de Leibniz, retoma Maurice Blondel o mesmo problema da Unidade.³¹ Numa *Mémoire* sua sobre a obra de Teilhard enviado ao seu discípulo e amigo Auguste Valensin, em 1919, conta que "esse tema é um dos mais velhos, dos mais esotéricos de seu pensamento pessoal, aquilo que o Sr. denomina o meu 'Pancristismo'".³² Mais adiante, revela que esse problema o encontrou desde o início de suas reflexões de adolescente: "Não há não somente uma 'interdependência universal' (por mais que essa expressão escandalize o padre de Tonquédec), mas até uma interpenetração; nós somos literalmente feitos uns dos outros, sem deixar de ser este 'ineffabile individuum', este *hapax legómenon* (essa singularidade) que justifica o *moi seul et Dieu seul* (o eu só e o Deus só) do cardeal Newman. Exatamente o sentido dessa dupla realidade universal e singular levou-me a estudar a Ação, a um tempo expressão da originalidade incomunicável do ser e função do todo. Na primeira redação, que possuo ainda, de minha tese projetada em 1892, é exatamente por aí que começo minha exposição. Ademais, o problema da Encarnação me apareceu desde então (e talvez mesmo antecedentemente a qualquer outra questão filosófica) como a pedra de toque duma verdadeira Cosmologia, duma Metafísica integral. Donde a escolha, feita desde 1880 – então eu estava para sair do Liceu de Dijon, estudante da faculdade de Dijon, na qual M. Joly estudava Leibniz –, do tema que se torna minha tese latina: *De vin-*

culo substantiale: trata-se aí de 'realizar' a matéria, procurando como a unidade do complexo que ela pode ser substancializada e, além disso, a questão apresentada por Leibniz e de Bosses a propósito da transubstanciação eucarística nos leva a conceber a Cristo, sem detrimento das mônadas complexas, como o laço realizador, vivificador, de toda a criação: *vinculum perfectionis*."[33]

A citação é longa, mas ilustrativa, para confirmar aquilo que viemos afirmando ao longo deste trabalho: a experiência da unidade fundamental e o recurso à cristologia cósmica, a um "pancristismo" – esta palavra ocorre várias vezes em Blondel – como seu princípio de explicação. A tese da juventude, publicada em latim de 1893, ele a trabalha novamente e a republica em 1930. Recoloca o mesmo problema: o Universo é um composto; mas qual é o princípio de sua composição? De seu ser? De sua unidade? Existe um *vinculum* que unifica tudo, que é antes um *primum movens* (um primeiro motor), um *totum infrangibile* (um todo inquebrável) do que uma *summa compositorum ulterior*.[34] Pascal viu, de forma genial, a particularidade das três ordens dos seres, mas a ele escapou o problema da unidade das três.

Blondel conta a Valensin que "estudando as condições requeridas para esta 'solidificação' da criatura (a palavra é de Santo Agostinho; conferir 1. XI, c. XXX), encontrei, por todas as avenidas lógicas, metafísicas, morais, religiosas de meu pensamento, este 'Pancristismo' ontogênico e filogenético, do qual nós falamos tantas vezes juntos".[35] Para ele, só pode ser Cristo o vínculo substancial, que unifica todas as ordens dos seres. Nisso, confessa ele, isto é, na "solução dos problemas em si, *in se*", está de acordo com Teilhard. Somente no modo de representar essa unidade cósmica distancia-se decididamente da solução teilhardiana.[36]

Blondel é um eminente metafísico. Por isso, tenta pensar, neste horizonte, a unidade cósmica formada pelo vínculo que é Cristo: "O verdadeiro pancristismo deve ser depurado expressamente de todo elemento fisicista ou panteísta."[37] Nisso não se deve ser visionário, nem fixar-se nos símbolos de nossa invenção. Para ele, o vínculo não é puramente de natureza física, uma essência metafísica, uma finalidade imanente, senão, a despeito de tudo isso, um "amante supremo, que atrai e une 'par en haut', andar por andar, a hierarquia total dos seres distintos e consolidados; ele é aquilo sem o qual, ou melhor, Aquele sem o qual tudo o que foi feito retornaria ao nada".[38] Esse *vinculum proprium Christi* (o vínculo essencial de Cristo) penetra em toda a realidade, alcança até as zonas do inconsciente e prepara a configuração espiritual que, sem confusão e sem consubstanciação, se terminará na união transformante.[39] Na transubstanciação eucarística descobre o prelúdio, sob os véus do mistério, da consumação final.[40]

Essas idéias de Blondel influenciaram muito a Teilhard, como ele mesmo o reconhece,[41] embora também diga abertamente que elas são "mais tradicionais e 'ortodoxas' que as suas";[42] Teilhard via em Blondel a ausência de uma real sensibilidade "por um Universo em estado de cosmogênese".[43] De fato, nas *Mémoires* ao padre Valensin sobre o pancristismo teilhardiano, Blondel acentua, fortemente, a idéia de que a integração cosmológica de Cristo só se faz através de um "renascer", de "uma transubstanciação ascética e mística", e não por um puro engajamento na obra da construção do mundo, ou por um mero processo de evolução convergente.[44]

Por mais que Blondel evite o apelo à fantasia, às imagens e figuras para concretizar sua concepção do Cristo cósmico, não o consegue de todo. Ele recorre, também, à idéia da pedra angular e, especialmente, à célebre figura do fortim que se mantém de pé, possui uma consistência interna e totalizante, enquanto o *vinculum*, a pedra angular, permanece intacta. Da mesma forma no Universo: existe o *vinculum vinculorum* (um vínculo dos vínculos) – Cristo –, que Paulo afirma ser o primogênito de todas as criaturas e conferir consistência a tudo, e João declara ter tudo sido feito por Ele e que nada do que foi feito o foi sem Ele.[45]

Notas

1. Vital du Four (de Furno) nasceu em Bazas, uns sessenta quilômetros a sudoeste de Bordeaux, na França. Entrou jovem na ordem franciscana e fez seus estudos em Paris, onde ouviu Jacó du Quesnoy e Raimundo Rigaldo, e sofreu influência do genial Duns Scotus. Em 1295/96 foi professor em Montpellier, e, a partir de 1297, na Universidade de Toulouse, na qual desenvolveu uma extraordinária atividade literária em escritos filosóficos, teológicos, exegéticos, homiléticos e jurídicos. Em 1312, o Papa João XXII o fez cardeal. Morreu em 16 de agosto de 1327. Conferir: F. M. Delorme, "L'ceuvre scholastique du maître Vital du Four", *in La France franciscaine* 9 (1926), p. 421-473; *Id.*, *Vitalis de Furno*, Quodlibeta tria, Romae, 1947, V-XXXII; uma bibliografia minuciosa apresentam ainda: L. von Untervintl, "Die Intuitionslehre bei Vitalis de Furno, O. Min.", *in Collectanea Francescana* 25 (1955), p. 53-113; 225-258; V. Heynck, "Zur Busslehre des Vitalis de Furno", *in* Franziskanische Studien 41 (1959), p. 163-212.
2. Para uma orientação segura sobre Duns Scotus, veja: "Primogênito da Criação. Princípios teológicos do Beato J. Duns Scotus para uma teologia da criação", versão e anotações de J. Jerkovic, *in Vozes 360* (1966), p. 34-39; Frei Constantino Koser, "Cristo Homem, Razão de ser da Criação" *in O pensamento franciscano*, Petrópolis, 1960, p. 37-45 ou *in Vozes 60* (1966), p. 25-34; Ae. Caggiano, "De mente Ioannis Duns Scoti circa rationem Incarnationis", *in Antonianum 32* (1957), p. 311-334; R. Rosini, *Il Cristocentrismo di Giovanni Duns Scotus e la Dottrina del Vaticano Secondo*, Roma, 1967; R. Nooth, "The Scotist cosmic Christ", *in De Doctrina Joannis Duns Scoti*, Roma, 1968, vol. III, p. 169-217.
3. Veja a nota 9 da primeira parte; veja também Teilhard, *Esquise d'une dialectique de l'Esprit* (1946), t. VII, p. 156; N. M. Wilders, *Teilhard de Chardin*, Freiburg, 1962, p. 95.
4. Aqui utilizamos, especialmente, as obras contidas nas Quaestiones Disputatae de Rerum Principio, que até recente data foram atribuídas a Duns Scotus e como tais publicadas por M. F. Garcia, Quaracchi, 1910, ou *in* L. Wadding, *J.D Scoti Quaestiones disputatae de rerum principio, Opera Omnia*, ed. Lugduni, 1639, III; ed. Parisilis, 1891, IV; F. M. Delorme, *Quodlibeta tria*, Romae, 1947; *Id.*, "Huit questions dispités sur le Problème de Connaissance", *in Archives d'Histoire doctrinale et littéraire du Moyen-*

Âge 2 (1927), p. 151-337; *Id.*, "Quaestio disputata: Utrum praedestonatio possit habere certitudinem", *in Sophia 10* (1942), p. 323-327; *Id.*, "Quaestio disputata: Utrum Deus producat res naturae necessitate aut mera et libera voluntate vel absque sui mutatione" (ainda não achada completamente), *in Sophia 10* (1942), p. 294-296.

5. Quodlibet II, q. 1, § 2, Delorme 42; Quodl. III, q. 6, § 1, Delorme 150; cf. também Delorme, 110.
6. *De rerum principio*, q. 12 a. 1, n. 426, Garcia 312.
7. *Id.*, q. 10, a. 4. n. 380, Garcia 268.
8. *Id.*, q. 1, a. 2, n. 26, Garcia 10; q. 13, a. 11, n. 457, 343; Quodl. I, q. 9, Delorme 22.
9. *De rerum principio*, q. 10 a. 4, n. 380, Garcia 269.
10. *Id.*, q. 9, § 5, n. 347, Garcia 247; "Toda a razão da unidade do homem e, por conseqüência, de toda a natureza, reside nisto: que o homem é o fim de toda a natureza. O homem, porém, encontra seu termo final e cabal em Cristo, cujo corpo e cuja alma estão em excelência acima de todos os corpos e de todas as almas. Eis, pois, o fim particular da natureza: o 'benedictus Homo', assim como a espécie humana, é o fim universal de todas as espécies naturais; assim é a unidade de Cristo a primeira de todas, a medida e o exemplo de todos os seres compostos"; conferir outras passagens semelhantes: *De reum principio* q. 19, a. 1, n. 606, Garcia 522; n. 610, 528; n. 606-609, 526; Quodl. II, q. 4, § 2, Delorme 71; q. 12, § 1, Delorme 83; III. q. 4, § 2, 120.
11. *Esquise d'une dialectique de l'esprit* (1947), t. VII, 156.
12. Haag-Hans-Hürzler, Evolution und Bibel, Freiburg, 1966, p. 87.
13. *De rerum principio*, q. 10, a. 4, n. 380, Garcia, p. 268-269.
14. Ex IV Sent. § 3, Appendix, Delorme, 220.
15. *De rerum principio*, q. 8, a. 4, § 4, n. 268, Garcia, p. 171-172.
16. *Id.*, ibd.
17. *Id.*, q. 13, n. 1, n. 439, Garcia, 325.
18. Quodl. II, q. 4, § 2, Delorme, 71.
19. Quodl. II, q. 12, § 1, Delorme, 83.
20. Carmelo Surian, OFM., *Desiderio desideravi*, Petrópolis, 1957.
21. C. G. Jung, Aion, Zürich, 1951, p. 63-110: Christus als Symbol des Selbst; Psychologie und Alchemie, Zürich, 1952, p. 471-580: Die Lapis-Christus-Parallele; Zur psychologie westlicher und östlicher Religion, Zürich-Stuttgart, 1963.
22. C. G. Jung, *Die Lapis-Christus-Parallele, op. cit.*, p. 483; A. Jaffé, *Der Mythus vom Sinn im Werk von C.G. Jung*, Zürich, 1967, p. 60.
23. M. Blondel, *Un énigme historique: le "Vinculum Substantiale" d'après Leibniz et le débauche d'un réalisme supérieur*, Paris, 1930. Em 1892,

juntamente com sua famosa tese, *L'Action*, apresentou Blondel, também como segunda tese, esse estudo escrito em latim, sob o título *De vinculo substantiali et de Substantia composita aput Leibnitium*, Paris, 1893. Em 1930 retomou o tema, pois o assunto aí abordado se tornou para ele "um velho amigo de cinqüenta anos" (p. 99); conferir também *Lettres philosophiques*, Paris, 1961, p. 9-13, e, ainda, *Blondel et Teilhard de Chardin. Correspondance commentée par Henri de Lubac*, Paris, 1965, p. 19-105.

24. M. Blondel, Un énigme historique, *op. cit.*, p. 24-25.
25. *Id.*, ib., p. 32-54.
26. *Id.*, ib., p. 137.
27. *Id.*, ib., p. 86.
28. *Id.*, ib., p. 81, nota 1.
29. *Id.*, ib., p. 89.
30. *Id.*, ib., p. 82s.
31. Veja a bibliografia citada no n. 131 e ainda: J. Wolinski, "Le Panchristisme de Maurice Blondel", *in Teoresi, 17* (1962), p. 97-120; J. Rimaud, "Vie Spirituelle et philosophique, Maurice Blondel", *in Christus 9* (1962), p. 272-288; J. Mouroux, "Maurice Blondel et la conscience du Christ", *in L'Homme devant Dieu*. (Melanges H. de Lubac), t. 3, Paris, 1964, p. 185-207, esp. 190-192; Y. Montscheuil, "Les problèmes du Vinculum leibnizien d'après M. Blondel", *in Melanges theologiques*, Paris, 1946, p. 289-295.
32. *Blondel et Teilhard de Chardin, op. cit.*, (n. 131), p. 20; sobre o pancristismo de Blondel, veja os textos reunidos *in* Maurice Blondel et Auguste Valensin, *Correspondance*, Paris, Aubier, 1957-1965, t. 1, p. 43-48, e ainda a documentação arranjada por H. de Lubac, *Blondel et Teilhard de Chardin, op. cit.*, p. 52-53.
33. *Blondel et Teilhard de Chardin, op. cit.*, p. 21.
34. M. Blondel, *Un énigme historique, op. cit.*, p. 100.
35. *Blondel et Teilhard de Chardin, op. cit.*, p. 35.
36. *Id.*, p. 36.
37. *Id.*, p. 24, veja também p. 23, 25, 41.
38. Un énigme historique, *op. cit.*, p. 105.
39. *Id.*, 106, 136.
40. *Id.*, 105, 145 (numa carta ao padre Valensin).
41. Em 15 de fevereiro de 1955, escreve Teilhard a Claude Cuénot, de Nova York, a propósito de Blondel: "Je lui dois beaucoup. Mais finallement nous ne nous sommes pas entendus", *Blondel et Teilhard de Chardin, op. cit.*, p. 130, nota 26; veja também p. 54, em que De Lubac mostra na obra de Teilhard a influência de Blondel.

42. "Second Mémoire du Père Teilhard de Chardin Au Père Auguste Valensin", *in Blondel et Teilhard de Chardin, op. cit.*, p. 48.
43. *Id.*, p. 103, nota 26.
44. *Id.*, p. 25, 36; H. Duméry, "La spiritualité blondeñenne", *in Nouvelle Revue Théologique*, 1950, p. 704-714: M. Ossa, *La "nouvelle naissance" d'après Maurice Blondel*, Institut Catholique de Paris, 1964.
45. *Un énigme historique, op. cit.*, p. 145.

Capítulo VII

ALGUMAS RESPOSTAS-MODELO NO PENSAMENTO CONTEMPORÂNEO

Aqui, daremos vários exemplos de como alguns pensadores atuais procuram responder ao *como* e ao *onde* o Cristo cósmico se torna de alguma forma compreensível, e por isso mais aceitável.

1. Cristo, arquétipo da totalidade psíquica: G. Zacharias

Gerald Zacharias procura abordar esse problema através da psicologia das profundezas de C. G. Jung.[1] Para ele, a conexão entre Cristo e o cosmos se revela no ser humano, como microcosmos. Como Cristo é a imagem do Deus invisível, assim o ser humano é imagem de Cristo. Que no ser humano haja uma imagem de Deus e, de Cristo, pensa Zacharias, não é primeiramente uma afirmação teológica, coisa que já as Escrituras, os padres da Igreja diziam, nem surgiu como fruto de especulações, senão que é o resultado de uma pesquisa acurada da psique humana nas suas mais variadas manifestações, realizada pelo enorme trabalho científico de C. G. Jung.[2] Com efeito, Jung chega a afirmar que a imagem de Deus no ser humano é o arquétipo do "Selbst". O "Selbst" é o arquétipo central da psique humana, arquétipo da ordem, da totalidade do ser humano e de sua unidade interior, representado pelos símbolos encontráveis em todas as religiões e mitos, como nas imagens do círculo, do quadrado, da quaternidade, da criança dourada e da mandala. O "Selbst" congraça a vida consciente e inconsciente; é como uma personalidade, o centro da totalidade, como o *eu* é o centro da vida consciente. O "Selbst" apresenta características e qualidades que as religiões atribuíram a Deus. O "Selbst" porém não é Deus pura e simplesmente, porque Deus não é experimentável e verificável empiricamente pela psicologia. Ela verifica, porém, uma imagem de Deus, o arquétipo do "Selbst".

"Cristo", diz Jung, "concretiza o arquétipo do Selbst. Ele apresenta uma totalidade de natureza divina e celestial, surge como um ser humano transfigurado, um Filho de Deus *sine macula peccati* (sem a mácula do pecado), intocado pelo pecado."[3] Se Cristo é, pois, a imagem de Deus e o ser humano foi criado em, por e para Cristo, então ele é imagem de Cristo. Se o ser humano, além disso, é um microcosmos, então nele e por ele recebem todas as coisas seu caráter crístico. "No ser humano, torna-se a criação *en autó, di autou, eis autón* – n'Ele, por Ele e para Ele (Cristo), fato concreto e palpável... Criados à imagem de Cristo, os seres humanos foram criados para preparar sua vinda."[4] Como, porém, essa imagem arquetípica, como todos os arquétipos, é uma imagem apenas formal, vazia de conteúdo concreto, ela tende à plenitude, está encravada nela a saudade pelo Cristo real e histórico, pelo seu rosto humano. Por isso, o ser humano foi criado *para* Cristo. Sendo o ser humano "o elo de união de todas as coisas", como diz João Damasceno,[5] ele arrasta consigo, nessa sua ascensão para Cristo, todo o cosmos; no ser humano recebe o cosmos seu caráter crístico.

2. O Ressuscitado na totalidade cósmica: K. Rahner

O conhecido teólogo católico alemão, talvez o maior do século XX, *Karl Rahner*, procura uma fundamentação ontológica do senhorio absoluto de Cristo sobre todo o cosmos na hipótese da extensão cósmica da alma depois da morte. A alma possui sempre uma relação real-ontológica com o mundo: aqui na terra, com uma parte do mundo, com corpo individual humano. Após a morte, porém, a alma está livre da relação individual a um corpo humano e estende sua relação a todo o cosmos. Ela se torna pancósmica. Assim Cristo, após sua morte, ficou livre para todo o horizonte cósmico. Sua descida aos infernos significa "uma entrada na camada profunda, íntima e insondável da realidade do mundo que une radicalmente tudo".[6]

O Ressuscitado, liberto das peias do espaço e do tempo, desdobra sua humanidade sobre a totalidade do cosmos de tal forma que, de fato, Ele se torna o centro íntimo de todo o ser e evoluir, o verdadeiro Alfa e Ômega de toda a realidade.[7] Semelhante teoria desenvolve também, com mais pormenores, seu discípulo *Ladislau Boros*.[8]

3. Cristo, atrator das energias cósmicas: A. Haas

Em ligação muito íntima com a obra de Teilhard, da qual se fez um ardoroso defensor, procura, também, o conhecido biólogo e filósofo da Natureza *Adolfo Haas* situar a função cósmica de Cristo. Anteriormente expusemos um diagrama de sua concepção.

Tomada em seu conjunto, segundo Haas, a criação mostra um sentido inegável que nós podemos observar, já que a evolução, de fato, caminhou das partículas elementares ao átomo e do átomo aos demais seres até ao mais complexo deles, o ser humano. Apesar de todas as reservas, não se pode negar que a meta do desenvolvimento do cosmos anorgânico está aí para possibilitar a emergência da vida; o sentido do desenvolvimento da vida sobre toda a terra consistia em possibilitar o surgimento do ser humano em sua unidade espírito-corporal.

E qual é o sentido da humanidade que se espalha por toda a terra? Existe também para ela um sentido superior, ao qual ela se ordena? Existe na história da humanidade um ponto histórico do qual irradia um sentido na sua evolução? Existe de fato um tal ponto histórico: o Deus feito homem em Cristo.[9]

Existe no processo evolutivo um eixo central (o plano criador de Deus), que faz a divergência sempre convergir para um ponto mais alto. Como sentido de toda evolução, Cristo atrai a si todas as forças do cosmos. Como, porém, Cristo emergiu somente na noosfera, onde reina liberdade, essa convergência é não de necessidade física, mas de natureza histórica ou histórico-salvífica. No ser humano existe a possibilidade infernal de poder decidir-se contra o sentido total da evolução. "Em Cristo, e somente na humanidade repleta de Cristo, está assegurada, uma vez por todas, até o fim do mundo, a salvação; este nosso mundo contém, indestrutivelmente, o germe do novo céu e da nova terra."[10] Cristo, como Alfa e Ômega, é o sentido último da evolução; Cristo, criador e redentor, é o sentido dos acontecimentos cósmicos.

Como se vê nessas tentativas, o pressuposto geral reside na aceitação da posição singular do ser humano como a súmula de toda a criação e, por isso, também ante Deus e Cristo, como representante de todos os seres. Se o ser humano carrega em si traços crísticos, é porque ele foi criado em Cristo. Então toda a criação, representada ontologicamente por ele, é marcada cristicamente.

Essa última reflexão nos obriga a fundamentar melhor essa cristificação total. Isso nos leva a perguntar: poderemos determinar melhor a natureza da realidade escondida e expressa no mito do Cristo cósmico? Quais são as condições da possibilidade para uma cristologia cósmica? Essa pergunta quer apenas dar o último fundamento ao mito e à realidade contida nele. Visa a concretizar as expressões: tudo foi criado *em* Cristo, *por* Cristo e *para* Cristo.

4. O Cristo cósmico, conector do macro e do microcosmo: M. Fox

Mathew Fox é um teólogo norte-americano que produziu uma aprofundada reflexão sobre o Cristo cósmico, em diálogo com a nova cosmologia e com o ecumenismo profundo: o livro *A vinda do Cristo Cósmico. A cura da Mãe Terra e o Surgimento de uma Renascença Planetária*, publicado ainda em 1998.[11]

Fox parte fazendo uma convincente crítica à teologia moderna, que a partir do iluminismo se concentrou demasiadamente no indivíduo Jesus histórico, obedecendo ao paradigma dominante da Modernidade. Entende a história centrada somente no ser humano, esquecendo suas raízes cósmicas.

Além disso, Fox procura resgatar a dimensão de positividade da fé cristã que em seu processo de inculturação greco-romano havia incorporado elementos negativos que nada tinham a ver com sua experiência originária. Assim, em vez de falar em pecado original, fala em bênção original (*Original Blessing*).[12] Com relação à espiritualidade, em lugar de repetir os três passos herdados de Proclo e de Plotino, que eram pagãos, assume a tradição hebraico-cristã que sugere quatro caminhos: o caminho do prazer (via positiva), o caminho da renúncia (via negativa), o caminho da criatividade (via criativa) e o caminho da compaixão (via transformativa).[13]

Procura um diálogo com a moderna cosmologia que funda um novo paradigma constituído por redes de relações e de processos evolutivos mais do que pela descrição minuciosa de substâncias tomadas em si mesmas. A novidade da reflexão de Fox consiste na transformação da cosmologia científica numa experiência espiritual. Ela a chama de "cosmologia viva".[14] Por ela, quer expressar a experiência de encontro e de maravilhamento que o ser humano vive em contato com as energias que sustentam o Universo e que lhe propiciam uma nova imagem de Deus e de Jesus. Jesus é parte desse imenso processo que tem 13,7 bilhões de anos. Essa sua inserção na matéria universal faz com que surja a figura numinosa do Cristo cósmico, à semelhança do modelo sugerido por Teilhard de Chardin.

Fox mostra que o Cristo cósmico é pré-cristão. Ele vem sob a figura da Sabedoria que revela uma dimensão cósmica, pois ela preside a todos os processos e a todas as ordens. Essa sabedoria cósmica é um dom de todas as religiões e tradições sapienciais, no judaísmo, no hinduísmo, no taoísmo, no islamismo e nas religiões dos povos originários.[15] Ou ela aparece também sob a forma de uma Totalidade que está presente em cada parte e em cada nível de existência, assim como foi expressa pelo físico David Bohm, a quem nos referimos na primeira parte.[16]

Em minuciosas análises, mostra o fenômeno nas várias tradições, especialmente dentro do cristianismo. A idéia do Cristo cósmico nunca esteve ausente, mas se manifestou de forma explícita na tradição mística dos padres gregos, nos místicos e místicas medievais, como em Hildegarda de Bingen, em Matilde de Magdeburg, em Juliana de Norwich, no mestre Eckhart, em Nicolau de Cusa e especialmente em São Francisco de Assis, e também nos modernos das várias confissões cristãs.[17]

A função do Cristo cósmico é ser "o padrão de inter-relação" entre todos os seres, entre a galáxia mais distante e a formiga do caminho, entre a Via Láctea e o nosso cérebro, expressão que tomo emprestado do cientista Gregory Bateson,[18] que era obcecado pelo tema da unidade do Todo. Também usa de outra expressão: "Cristo cósmico, conector do Microcosmo e do Macrocosmo. Sabemos que essa conexão constitui um problema teórico permanente: como articular a física clássica de Newton com a física quântica de Bohr/Heisenberg. Outras vezes atribui ao Cristo cósmico a virtude de ser o "padrão de inter-relação entre o espaço e o tempo" na compreensão moderna que lhe conferiu Einstein como determinações da curvatura do Universo.[19]

Fox entende o Cristo cósmico como um princípio, ligado ao mistério da criação. Ele não é exclusivo do cristianismo. "Cristo é um nome genérico",[20] uma energia de unificação e síntese que "hoje ganhou forma histórica, segundo Fox, em Gandhi, em Martin Luther King Jr, em Dorothy Day e em outros profetas da paz e da justiça."[21] Nós, de nossa parte, acrescentaríamos Madre Teresa de Calcultá, Dom Helder Câmara, o arcebispo Dom Oscar Ranulfo Romero, Irmã Dulce e o profeta da caridade e da ternura para com os pobres, o arcebispo de Mariana (Minas Gerais), Dom Luciano Mendes de Almeida. Cada um é portador dessa energia crística. Cada um, à sua maneira, é Cristo. Não dizia Santo Agostinho numa de suas homilias: "Todo homem é Cristo, todo homem é Adão?"

Fox enfrenta a crítica de que usando a expressão Cristo cósmico estejamos privilegiando a versão ocidental e cristã.[22] Mas argumenta que "Cristo" não é um nome, é um adjetivo para expressar o fato de que cada pessoa é "ungida", "consagrada" e "destinada", que são os significados da palavra "Cristo" em grego, a ter o seu lugar no conjunto dos seres e de revelar a Totalidade subjacente em cada ordem do Universo. Fox sugere que "pessoas de outras fés terão de decidir por si mesmas a respeito da terminologia apropriada para elas"[23] para expressar esse fenômeno universal.

A reflexão de Fox é abrangente, alimentadora de uma espiritualidade cósmica, adequada ao nosso tempo. Não se esquiva aos problemas ecumênicos; ao contrário, insiste num "ecumenismo profundo" que se baseia não em doutrinas e dogmas, mas na experiência espiritual de encontro com o Mistério do Universo e sua profunda unidade bem representada pela idéia do Cristo cósmico.

5. O Cristo cósmico, redentor da evolução: J. Moltmann

O alemão Jürgen Moltmann, da Igreja Evangélica da Reforma, é tido como um dos mais importantes teólogos da Europa do após guerra. Ficou conhecido por sua teologia da esperança,[24] que é uma espécie de teologia da libertação no contexto dos países ricos. É um pensador de síntese, aberto ao diálogo ecumênico, à teologia da libertação latino-americana e feminista e às questões mais candentes da moderna ecologia.[25] Em sua obra cristológica aborda explicitamente a questão do Cristo cósmico.[26]

Moltmann, como M. Fox, assume a cristologia cósmica de São Paulo, especialmente aquela presente nas epístolas aos colossenses e aos efésios, que analisamos anteriormente com certo detalhe. Mas mostra a diferença entre aquela perspectiva e a nossa. Para Paulo, o Cristo cósmico nos libertava das forças cósmicas feitas de anjos rebeldes e deuses imaginários. Limpava os espaços para que Cristo tivesse seu senhorio e assim fizesse uma reconciliação total e fosse o princípio da reunificação do Todo. Hoje, assevera Moltmann, o Cristo cósmico é confrontado "com uma natureza levada ao caos pelos homens, infectada pelo lixo tóxico, condenada a uma destruição universal... Onde está Cristo depois de Chernobyl?"[27]

Critica a cristologia clássica por ser demasiadamente antropocêntrica e centrada apenas na figura do Jesus histórico, descurando o significado cósmico da Ressurreição que para Moltmann significa "uma revolução dentro da evolução".[28] É especialmente duro com referência a Teilhard de Chardin por causa de seu excessivo otimismo, a ponto de haver saudado com entusiasmo infantil o lançamento da bomba atômica no dia 6 de agosto de 1945 sobre Hiroshima. Via nesse fato de terror um avanço no processo da evolução através de um supercérebro científico humano.[29] Notoriamente Teilhard não resolveu satisfatoriamente a presença do mal dentro do processo evolutivo como era interpretado por ele. Exaltava o *Christus evolutor*, mas a preço de subestimar a função do *Christus redemptor*. Como Cristo pode ser o elo unificador de tudo se primeiramente não purificar e redimir a criação?

É a partir dessa indagação que parte Moltmann em sua visão do Cristo cósmico. Primeiramente rasga o vasto horizonte de uma cristologia cósmica que se revela em três passos:[30]

Em primeiro lugar, Cristo, seguindo a leitura de São Paulo, é apresentado como o fundamento da criação de todas as coisas (criação original).

Em segundo lugar, na linha teilhardiana, ele é a força propulsora da nova criação (criação contínua).

E, por fim, Cristo é contemplado como o libertador e redentor do processo da criação como um todo (criação do novo céu e da nova terra).

Como os dois primeiros passos são relativamente bem conhecidos e foram expostos anteriormente, vamos nos deter no terceiro, pois esse é o mais problemático.

A evolução se faz no tempo e no espaço, por isso é limitada por estas coordenadas. Ela mostra profunda amibigüidade, pois implica seleção. Muitos seres vivos são sacrificados e bilhões de outros se perdem no caminho e são dizimados. Há um lado cruel na evolução. Ele se revela também no ser humano que comparece sempre como simultaneamente *sapiens* e *demens*.

Uma reconciliação de todas as coisas no céu e na terra, como bem o expressa a epístola aos colossenses (1,20), exige um gesto redentor, demanda a Ressurreição dos mortos. Caso contrário eles ficam excluídos. Ora, esta obra não é operada pela evolução ascendente que vem do passado. Ela é a realização específica do Cristo cósmico, Filho encarnado que vem a partir do futuro. Como se diz no Apocalipse, o novo céu e a nova Terra, representada simbolicamene pela nova Jerusalém, vêm do alto (21,1-2). Ele é o redentor que mergulha nas ambigüidades da evolução, se faz o homem das dores e participa do destino das vítimas da evolução e da história. Mas eleva-as e faz retornar o passado para que todos possam receber a sua justiça e comungar da vida nova. A própria evolução, portanto, precisa ser redimida.[31] Essa é a missão do Cristo cósmico, a de reconciliar, libertar, redimir e renovar a criação como um todo. Só dessa forma ele pode ser proclamado como o princípio unificador do Todo.

Moltmann resgata o significado realmente unificador do cosmo na palavra do Cristo testemunhada pelo evangelho apócrifo de São Tomé:[32]

> Eu sou a luz que brilha sobre todos
> Eu sou o Todo. O Todo brotou de mim
> E para mim retornou.
> Rache a lenha e eu estou dentro dela
> Levante a pedra e eu estou debaixo dela (Logion 77).

As coisas todas, os ecossistemas, a Terra e o Universo são sagrados, pois vêm habitados pelo Cristo cósmico, criador, sustentador, promotor, libertador, redentor e consumador do Todo.

Notas

1. G. Zacharias, *Psyche und Mysterium*, Zürich, 1954, especialmente p. 8-22; Die Psychologie C. G. Jung und die Grundlagen des Christentums; Der Archetypus des Selbst als Vorläufer Christi.
2. *Id.*, p. 13. Veja as obras de C. G. Jung, citadas na nota 129.
3. C. G. Jung, *Aion, op. cit.*, p. 64.
4. G. Zacharias, *Psyche und Mysterium, op. cit.*, p. 20-21.
5. *Id.*, p. 21.
6. K. Rahner, *Theologie des Todes* (Quaestiones Disputatae 2), Freibug-Basel-Wien, 1958, p. 59.
7. K. Rahner, "Die Christologie innerhalb einer evolutiven Weltanschauung", in *Schriften zur Theologie V*, Einsiedein, 1962, p. 183-221.
8. L. Boros, *Mysterium mortis*, Olte-Freiburg, 1962, p. 150-169; *Id.*, Erlöstes Dasein: Mainz, 1966, p. 41-50.
9. Haag-Haas-Hürzeler, Evolution und Bibel, Freiburg, 1966, p. 56-96; Der Entwicklungsgedanke und das christliche Welt- und Menschenbild, 84.
10. *Id.*, p. 85.
11. M. Fox, *A vinda do Cristo cósmico. A cura da Mãe Tera e o surgimento de uma renascença planetária*, Record: Rio de Janeiro, 1995.
12. M. Fox, Original Blessing, Santa Fe Bear & Company, 1983.
13. *A vinda do Cristo cósmico, op. cit*, p. 122.
14. *Id., op. cit.*, p. 118.
15. *Id., op. cit.*, p. 341.
16. *Id., op. cit.*, p. 339.
17. *Id., op. cit.*, p. 119-186.
18. *Id., op. cit.*, p. 192.
19. *Id., op. cit.*, p. 203.
20. *Id., op. cit.*, p. 330.
21. *Id., op. cit.*, p. 329
22. *Id., op. cit.*, p. 330.
23. *Id., op. cit.*, p. 339-343
24. *Id., op. cit.*, p. 341.
25. *Teologia da esperança*, Herder, São Paulo, 1971. Veja, do mesmo autor, *A doutrina ecológica da criação. Deus na criação*. Petrópolis: Vozes, 1993.

26. Veja os dois livros *O caminho de Jesus Cristo*. Petrópolis: Vozes, 1993; *Quem é Jesus Cristo para nós hoje?* Petrópolis: Vozes, 1997.
27. *Quem é Jesus Cristo, op. cit.*, p. 91.
28. *O caminho de Jesus Cristo, op. cit.*, p. 404.
29. *Id., op. cit.*, p. 393-394.
30. *Quem é Jesus Cristo, op. cit.*, p. 95.
31. *Id., op. cit.*, p.107 e *O caminho de Jesus Cristo, op. cit.*, p. 395.
32. *Quem é Jesus Cristo, op. cit.*, p. 108.

Capítulo VIII

A REALIDADE DE UM MITO: O COMO E O ONDE DE UMA CRISTOLOGIA CÓSMICA

Depois de termos percorrido esses vários modelos, três conclusões nos saltam à vista:

Primeira: o chão comum sobre o qual se situam todos eles. É uma experiência irredutível da Unidade de toda a realidade, o sentido profundo da interdependência e compenetração de todos os seres. Esse fenômeno faz surgir, incoercível, a pergunta: Qual é o princípio unificador de tudo isso? A pergunta pede pelo Todo e por isso rompe as barreiras das ciências individualmente tomadas que se ocupam com aspectos específicos da realidade.

Segunda: na resposta dada encontramos uma estrutura comum a todos os modelos, que supera o justapor e o analisar, o opor e o constatar, e chega a um realismo superior, na formulação, em linguagem mítica, de um vínculo unificador, de um elemento universalizante, de um "meeting-point" centralizador. A fé cristã, que se orienta através de Cristo e por aquilo que aconteceu nele, sugere Cristo como elo e ligame vinculador de toda a realidade. Desde os apóstolos Paulo e João, entrou no pensar cristão, seja filosófico seja teológico, uma cristologia cósmica. O mito se revela aqui como a melhor forma de expressar essa realidade profunda, impossível de ser captada por conceitos próprios e adequados. O mito possui, nessa esfera, um sentido profundo que as ciências antropológicas e até atômicas hoje estão revalorizando cada vez mais.

Terceira: as respostas dadas nos vários modelos, a despeito de seu surpreendente paralelismo, exprimem-se concretamente dentro da cosmovisão típica de sua época. O mito é sempre o mesmo e sempre outro, e, por isso, é sempre contado e passado adiante, dentro do material representativo de cada quadra da história e da cultura, seja ele de caráter pré-científico como em Paulo, seja ele de caráter metafísico, como em Vital du Four e Blondel, seja ele de caráter científico e cosmológico, como em Teilhard.

Cabe a cada geração – isso vale particularmente para a fé cristã – realizar uma síntese entre a experiência do mundo, com suas várias tendências e deslocamentos de acentos e a experiência de Cristo, de sua gesta libertadora e significado cósmico e de seu sacramento aqui na Terra, a Igreja. O material de representação, por mais diverso que seja, serve a esse objetivo, que é, atualizar para cada época, atualizar e situar, no contexto concreto da existência, o Permanente da visão cósmica de Cristo e de sua Igreja:[1] que a reconciliação de Cristo é tão larga e absoluta que abraça em si todos os seres e o cosmos como totalidade; que o instrumento e o sinal dessa reconciliação *shalom* universal – a Igreja – possui a mesma dimensão cósmica de Cristo.

O risco em tal empreendimento é inevitável; mas só assim a fé se torna vital; senão estaremos correndo o perigo de fazer da fé um objeto precioso de museu, que aprendemos a admirar, e a venerar, a aperfeiçoar e com ele nos ilustrar, mas que possui um único defeito apenas: de não ser mais determinante para a vida. Bem dizia o Cardeal Suenens, que os cristãos têm muito juízo e nenhuma coragem; nós vamos ainda morrer de ajuizados.[2]

Teilhard foi uma pessoa que tomou a sério esta tarefa imprescindível da fé: de encarnar-se no nosso horizonte de compreensão hoje. Suas formulações podem ser mal compreendidas e mal interpretadas, especialmente se não se tomar na devida consideração o tipo de compreensão que essa questão demanda, como o expusemos anteriormente. Contudo sua intenção é uma tentativa genial de dar a Cristo, dentro das estruturas de pensar do mundo científico, aquele lugar central que Paulo lhe atribui dentro de seu mundo estático e cheio de espíritos cósmicos. E cremos que ele foi feliz em seu empreendimento.

O cosmos venerado por Teilhard com um nimbo de numinosidade não é para ele, pura e simplesmente, uma grandeza física cerrada em si mesma no seu processo meramente natural. É a partir da humanização e da "amorização" que ele o contempla e estuda, e nele descobre energias que impelem para uma convergência. E é exatamente aqui, na noosfera, que ele situa o problema do Cristo cósmico. Somente ali ele tem sentido, porque somente aqui o mundo chega a si mesmo por meio do espírito, e alcança, com a consciência, o grau máximo de convergência.

Com isso, ele restituiu ao ser humano sua verdadeira grandeza, posta em xeque desde o advento das ciências exatas com a Renascença. Com a descoberta do infinitamente grande, chegou-se a ver no ser humano apenas uma *quantité négligeable*, perdida nos espaços infinitos que nos aterram, como Blaise Pascal o reflete muito bem nos seus *Pensées*. Teilhard chegou a mostrar que o ser humano, juntamente com o infinitamente grande do Macrocosmos e o infinitamente pequeno do Microcosmos, constitui o infinitamente complexo de toda a evolução cósmica conhecida, por onde passa exatamente o eixo da convergência ascendente. E é justamente aqui que emerge, para ele, o problema da cristologia cósmica: o mundo não pode ter duas cabeças: só Cristo pode ser o seu centro, seu motor, seu Alfa e seu Ômega.[3]

Consoante essa visão, um cristão não precisa, como Paul Claudel na sua mocidade ou Reinhold Schneider na sua velhice, ficar confuso e perplexo diante da grandeza do cosmos, a pequenez humana e o condicionamento antropológico do ato redentor de Cristo.

Reinhold Schneider se perguntava, desesperado: "Se reconhecemos os sinais de Cristo na história, podemos reconhecê-los no cosmos?... É ousadia invocar o cosmos como testemunho de Jesus Cristo...[4] O Senhor viveu e caminhou o estreito caminho dos homens. Como Sócrates, ele buscou somente o ser humano. À sua existência, ele respondeu no sentido de uma possibilidade; o enigma do cosmos... isso ele não viu."[5]

Contudo, apresenta-se sempre de novo a pergunta pelo *como* e pelo *onde*. *Como* é Cristo *antes* da Criação? *Como* é o Universo *n*'Ele, *por* Ele e *para* Ele? *Onde*, na criação, podemos, de alguma forma, verificar isso? Pode-se perguntar por uma verificação objetiva? Ou deve-se ater, somente, à formulação do mito, que por sua própria natureza não possui contornos fixos e cerrados, mas porque está ligado proximamente à vivência, dilui-se num grande painel com concatenações em todas as direções à semelhança de um rizoma?

Como já vimos, todas as determinações reais-ontológicas, cedo ou tarde, num ou noutro ponto crucial, apelam ao mito para compreender essa realidade totalizante da unidade e de seu princípio de religação.

Notas

1. Conferir A. D. Galloway, *The cosmic Christ*, London, 1951, p. 232-240; Conzelmann, H., *Der Brief an die Kolosser, op. cit.*, p. 140.
2. Conferir *L'Eglise en état de mission*, Desclée de Brouwer, 1955, p. 23.
3. Teilhard de Chardin, Super-Humanité... (1943), t. IX, p. 209-210.
4. R. Schneider, *Verhüllter Tag. Köln-Olten*, 1956, p. 220-222.
5. *Id.*, Winter in Wien, Freiburg, 1959, p. 132, 241; veja também: M. Doerne, "Theologia tenebrarum. Zu Reinhold Schneiders Spätwerk", *in Theologische Literaturzeitung 86* (1961), p. 401-404.

Capítulo IX

A DERRADEIRA FUNDAMENTAÇÃO TEOLÓGICA DO CRISTO CÓSMICO

Perguntar pelas condições da possibilidade de um fato concreto – no nosso caso de Cristo cósmico – é fazer uma reflexão transcendental sobre ele, quer dizer, identificar aquelas precondições e aqueles fatores necessários para que tal fato possa vir à luz, para além dos limites das culturas e das religiões.

A cristologia cósmica tem suas raízes, como podemos concluir, na criação *em* Cristo, na redenção *por* Cristo e na ubiqüidade cósmica do Cristo pneumático e ressuscitado no interior dos seres mesmos.

Quais são, no entanto, as derradeiras raízes de tal concepção? Para o pensar cristão, tal radicalização da pergunta leva-nos a fazer uma reflexão a partir da Santíssima Trindade, que constitui a origem, o fim e o mistério subjacente a toda a realidade e ao próprio perguntar. Concretamente significa que a cristologia cósmica se enraíza numa cristologia anterior ao espaço e ao tempo, mas que irrompe dentro do espaço e do tempo, cristologia elaborada no seio mesmo do processo trinitário, visto numa perspectiva histórico-salvífica. É exatamente aqui que se concentram, agora, nossas breves reflexões.

Partimos de uma pressuposição, que não poderá ser explicada mais largamente, mas que o leitor, um pouco orientado em assuntos teológicos, conhece como possível dentro da teologia católica, isto é, a cristologia escotista.[1] Com Duns Scotus pressupomos:

a) que o homem Jesus de Nazaré foi predestinado por Deus a ser a pessoa que mais ama a Deus fora de Deus. Isso conhecemos *a posteriori*, por meio da história de Jesus, como vem testemunhada no Novo Testamento. Por isso, esse homem foi o primeiro intencionado por Deus, e os outros companheiros e companheiras no amor pensados e criados em vista dele, porque, se assim não fora, a obra máxima de Deus *ad extra* seria obra do acaso.

b) Para que esse homem fosse, de fato, o primeiro em tudo, e pudesse amar a Deus, divinamente, fora de Deus, Ele excogitou uni-lo a uma pessoa divina, o Verbo, de sorte que Jesus de Nazaré pudesse tornar-se o Verbo encarnado, habitando entre nós. Se fosse apenas homem, não conseguiria amar maximamente a Deus fora de Deus.

Em razão dessa primazia na ordem da proximidade divina, da glória e da criação, essa natureza humana é o supremo dentre todos os seres (*summum in entibus*, como diz Scotus); todos os demais seres surgem nele, por ele e para ele; será o fim de todos, e de tudo o penúltimo fim, porque o fim derradeiro só poderá ser Deus mesmo (cf. 1Cor 15,28).

Dessa breve consideração pode-se ver, de imediato, a orientação fundamental de toda a criação: a partir da fonte de seu existir mesmo, ela já está orientada para o ser humano.

Mais ainda: o processo evolucionário esconde em seu ser mais íntimo traços humanos. Por isso, "a quase unânime sentença dos fiéis e dos não-fiéis de que tudo na Terra está ordenado ao ser humano, como ao seu centro e cume", como exprime a Constituição pastoral *Gaudium et Spes*, não diz algo de exterior e casual sobre a realidade, mas dá a conhecer a dinâmica íntima e estrutural de todo o ser criado, inferior ao ser humano: a antropogênese está já em germe na cosmogênese.

Seria aquilo que os cosmólogos chamam de princípio andrópico. Se os elementos todos e as energias não se tivessem articulado como de fato se articularam, não seria possível o surgimento do ser humano e de Jesus de Nazaré. E nós também não estaríamos aqui para refletir sobre tudo isso.

Mais: porque essa natureza humana e, por causa dela, todo o demais foi intencionado, está ordenada a ser assumida pelo Verbo, a fim de que um "Absoluto", fora do Absoluto, possa amar de forma absoluta. Como tal, já está no plano de Deus presente como Verbo encarnado. Isso marca todos os seres com um novo caráter além do humano, isto é, o crístico.

De tal forma os seres estão marcados cristicamente, em sua estrutura mesma, que, se um dia, num ponto determinado e datável da história, surgir aquele ser humano predestindo a ser o Verbo encarnado, no caso, Jesus de Nazaré, então não acontecerá na história nenhuma casualidade e surpresa, mas tomaria forma e emergeria aquilo, ou melhor, Aquele que desde sempre e por primeiro foi intencionado.

A partir deste evento bem-aventurado, tudo ganha seu verdadeiro nome e começa a ser compreendido na sua ordem. O alfabeto ganhou sentido, as vogais ganharam suas consoantes e, com isso, a possibilidade de formar palavras; as estrofes ganharam sua rima e o soneto sua chave de ouro. Nesse sentido pode-se, *a posteriori*, e com razão, afirmar que a cristogênese está inserida, como telos, como propósito, na própria estrutura do ser criado.

Essas idéias, quase em forma de tese, são aqui pressupostas. Não é possível fundamentá-las mais minuciosamente, por transbordarem o sentido dessas reflexões.

Recordamos ainda que a descrição acima visa apenas a descrever a seqüência lógica no plano divino. É tarefa ousada e quase arrogante. Mas é tarefa da reflexão teológica, baseada nos dados da Escritura e no plano de Deus já realizado na história (a revelação como história), especular os derradeiros pressupostos e as últimas condições da possibilidade dos seres criados junto a Deus, para descobrir sua verdadeira profundidade. Estarrecida, ela descobre, lá dentro, a própria imagem de Deus, os traços de seu próprio Filho e de nosso Irmão Jesus de Nazaré.

Não é outra a preocupação dos físicos teóricos, como Stephen Hawking, como vimos, de poder detectar na montagem matemática do mundo a mente de Deus. Eles o fazem com os recursos da ciência empírica. A teologia o faz com seus meios espirituais e místicos.

Apoiados nesses pressupostos teológicos, tentaremos desvelar as derradeiras raízes do pancristismo cristão. Precisamos, pois, partir do Deus Trino, daquele que é em sua essência comunhão de Pessoas: Pai, Filho e Espírito Santo.

Deus se conhece a si mesmo na sua essência infinita, que é Amor. Esse conhecimento é necessariamente perfeito e substancial, isto é, é uma Pessoa, o Logos, o Verbo, que é Imagem, Símbolo, Expressão, Sacramento do Pai, como diziam alguns padres da Igreja antiga. São Boaventura diz que o Pai torna-se visível no Verbo, e o Verbo, por sua vez, faz presente o Pai, no permanente momento da Eternidade.[2]

O Pai não só gera o Logos, mas também *produz ativamente no Logos*[3] os imitáveis infinitos de sua essência. Esses são também, como o Verbo, Imagens, Símbolos e Sacramentos do Pai. Não são, porém, Pessoas como o Logos. Possuem uma realidade deficiente, se postas em comparação com o Logos. Desde Agostinho, a teologia as chama de idéia eterna de Deus. Como Imagens e Sacramentos do Pai, refletem o Pai; porque foram chamados à existência *no* Verbo, eles refletem, por sua vez, também o Verbo. São Sacramentos do Verbo.

Entre esses infinitos possíveis criáveis, Deus escolhe aqueles que constituem a nossa realidade criada. Em primeiro lugar, aquela natureza humana – Scotus diz, com precisão, "aquela natureza não suma, que possa ter a suma glória"[4] –, isto é, a natureza humana de Jesus de Nazaré. Por ter sido originado *no* Verbo, ainda dentro do círculo trinitário, já carrega em si os traços do Verbo; agora com a própria Encarnação do Verbo ela é, fora do círculo trinitário, a máxima expressão e sacramentalização do Verbo; ela significa o aparecimento desse Verbo na história e no coração do mundo. Ele é aquilo que surge quando Deus quer ser Deus "fora" de Deus.

Por isso, diz com muita razão Karl Rahner: "A natureza humana de Cristo não deve ser compreendida como uma fachada ou uma aparência de Deus, apenas um sinal do qual Deus se serve para revelar algo do Logos. Não. Ela é a própria auto-revelação do Logos, de tal forma que, se Deus revelando-se se abaixa, emerge exatamente aquilo que nós chamamos a humanidade do Logos. A antropologia, pois, tem sua derradeira origem na doutrina sobre Deus mesmo, enquanto Ele se quer exprimir e para isso sai de si mesmo. O que aparece então é o ser humano. Na forma mais completa desta expressão se encontra Jesus de Nazaré no qual Deus se autocomunicou a si mesmo.[5]

A natureza humana é, pois, crística na sua natureza íntima, já no círculo trinitário. E porque o é no seio da Santíssima Trindade, o é *a fortiori* na obra da criação. Por isso, a natureza humana de Cristo é o próprio Logos na sua revelação, manifestação e penetração no mundo criado.

Todos os seres, pois, foram criados *no* Logos. Esse Logos se revela no mundo como o *Cristo*. São Justino, um dos primeiros pensadores cristãos em Alexandria no Egito, dizia que o homem Jesus é *Cristo* (que significa em grego "o Ungido") porque Deus (Pai) o ungiu para ser o que é no mundo, isto é, o Cristo. Por seu intermédio, ungiu também todas as coisas (*kosmésai ta pánta*),[6] o que inclui todas as pessoas concretas. Todas são pois crísticas num duplo sentido, no seio da Trindade e na história, na medida em que participam da santa humanidade de Jesus, feito Cristo.

Existe, portanto, um cristianismo estrutural que abarca as coisas todas do Universo, especialmente todos os seres humanos. Pelo fato da criação, pois, justifica-se uma cristologia cósmica, pensada a partir de uma concepção radical da cristologia, dentro do processo trinitário.

Como, porém, a queda não é só um fenômeno que aliena o ser humano de si mesmo na sua estrutura mais íntima, mas que afeta toda a criação, a qual, por isso, geme pela redenção (Rm 8,21), recebe, pois, a redenção de Cristo também um caráter cósmico.[7] Ele é o Redentor que atrai a si as linhas divergentes da evolução e as capitaliza para Deus.[8] Por meio de sua Ressurreição, ganha seu corpo transfigurado uma dimensão cósmica, penetra todo o ser, e tem aí uma presença pneumática, como nós anteriormente tentamos descrever.

No corpo de Jesus de Nazaré ressuscitado, ganhou já o cosmos, com antecedência, a confirmação daquilo que ele, na sua totalidade, será na plenitude dos tempos. A partir dessas considerações, entendemos como alguns padres da Igreja antiga podiam falar de um corpo cósmico de Cristo no estado escatológico, quer dizer, no estado terminal do Universo.[9] Toda a realidade revelará sua cristificação e será de fato toda ela penetrada pela realidade de Cristo. Já nesse *éon*, alguns elementos revelam sua estrutura crística: a matéria dos sacramentos, feita sinal e instrumento da graça cristã. Isso se mostra particularmente na Eucaristia, em que se desvela a presença de Cristo na matéria.[10]

Por meio da palavra consecratória do ministro, revela-se a cristificação material como presença pessoal do próprio Cristo. O mundo material ganha, aqui, sua total transparência crística e deixa transparecer o fundamento último de seu ser *em* Cristo. Aqui ganha, cremos nós, o mistério da transubstanciação/transfinalização seu derradeiro fundamento.

Qual é, pois, a condição da possibilidade de que um elemento material – o pão e o vinho – possa tornar-se, ou ser transubstanciado, pela palavra consecratória do ministro, em corpo e sangue de Cristo? Isso é algo que afeta a criação mesma. Como deve ser, pois, a criação, para conter em si essa potência? Esse fato se torna mais compreensível se pensarmos a criação *em* Cristo, já marcada cristicamente, de tal forma que, se elementos dela são feitos corpo e sangue de Cristo, Cristo mesmo, então, fica revelado. Desta forma é descoberta a estrutura mais íntima, nós diríamos até supratranscendental da matéria,[11] como sendo matéria *em* Cristo, *por* Cristo, *com* Cristo e *para* Cristo.

Notas

1. Conferir J. A. Merino Abad, "Cristologia escotista y creacion", *in Carthaginensia 25*(1998) p. 101-116.
2. I Sent. d. 9, dub. 3 (Quaracchi I, 188b).
3. Veja W. Rauch, *Das Buch Gottes*, München, 1952, p. 24; sobre as discussões entre tomistas e escotistas, sobre os problemas implicados na produção ativa das idéias no Logos, veja: E. Gilson, *Johannes Duns Scotus*, Düsseldorf, 1959, p. 298-300; M. Seckler, *Das Heil in der Geschichte*, München, 1964, p. 81-108; A. Gerken, *Theologie des Wortes, op. cit.*, p. 53-83; 161-192.
4. Scotus Ox. III, d. 7, q. 3, n. 5.
5. K. Rahner, Zur Theologie des Symbols, Schriften zur Theologie IV, Einsiedeln, 1967, p. 296.
6. Veja A. Orbe, "La unción del Verbo", *Analecta Gregoriana*, vol. 113, Roma, 1961, p. 67-72, aqui 71.
7. Conferir J. Huby, *St. Paul. Les Epîtres de la captivité*. Paris, 1947, in hunc locum.
8. Conferir S. Lyonnet, "La rédemption de l'Univers", *in Lumière et Vie 148* (1960), p. 43-62; R. M. Roxo, *Teologia dos cosmos, op. cit.*, p. 105-110.
9. *Blondel et Teilhard de Chardin, op. cit.*, p. 32.
10. *Id., ib.*
11. *Mon Univers (1918), Écrits du temps de guerre, op. cit.*, p. 277; Mon Univers (1924), t. IX 84; cf. Blondel et Teilhard de Chardin, p. 84, 111-112.

Capítulo X

É O CRISTO CÓSMICO MAIOR QUE JESUS DE NAZARÉ?

As afirmações arrojadas que fizemos no capítulo anterior dão a impressão de ser um discurso intra-sistêmico, próprio somente ao cristianismo. É a visão típica dos cristãos acerca de Cristo, embora o situem dentro do processo da evolução e o apresentem como resultado do trabalho cósmico de 13,7 bilhões de anos, que é a idade presumida do Universo.

Mas como ficam as demais religiões que também se encontram dentro da história e da cosmogênese e não estão fora do desígnio do Criador? Não formam elas também seu povo querido? Elas não falam de Cristo. E ostentam seus mestres e figuras de grande santidade que revelaram e revelam ainda hoje o mistério de Deus, embora expressado sob muitos outros nomes.

Precisamos também incorporar um outro dado novo: o processo de globalização. Mais que um fenômeno econômico-financeiro-comunicacional, ele representa uma nova fase da história da Terra e da Humanidade.[1] É o momento em que todas as tribos podem se encontrar e trocar saberes, valores, tradições espirituais e éticas e propiciar um diálogo entre as mais diferentes culturas e religiões.[2] Todos os sistemas forçosamente devem ser abertos e não mais fechados, como, em grande parte, o eram no passado. Sistemas fechados criam suas visões de mundo, sua hierarquia de valores e suas verdades religiosas, tidas, geralmente, como únicas ou as melhores. Hoje não poderá ser mais assim. Seria reducionismo e falta de reconhecimento daquilo que o Espírito fez na história desses povos.

A Humanidade se deu conta de que podemos ser humanos, sábios e religiosos das mais diferentes formas. Todas elas revelam virtualidades latentes no ser humano. Finalmente temos consciência de que somos um projeto infinito que pode se expressar indefinidamente e moldar por muitos caminhos sua história. O único objeto secreto e adequado ao nosso desejo e ao nosso impulso de comunicação e amor só pode ser o Ser. Só aí nos saciamos.

Essa situação nova oferece questões graves ao cristianismo, especialmente com referência à figura de Jesus, crido e anunciado como Cristo e Filho único de Deus encarnado e o salvador universal. Como situar o caminho cristão junto com os demais caminhos espirituais e Jesus ao lado de outros, considerados por seus povos também portadores de graça e salvação?

Importa reconhecer que o cristianismo se elaborou no contexto cultural do mundo mediterrâneo e forçosamente participa dos limites desse sistema fechado. Agora ele é desafiado a pensar sua proposta na perspectiva aberta pela globalização e pela unificação da família humana, tendo em conta que somos produtos e expressão de um cosmos em evolução, substrato comum a todos os fenômenos.

O cristianismo não é um fóssil petrificado em suas formulações doutrinárias e em suas expressões históricas. Ele possui a natureza de um organismo vivo que cresce e se enriquece como fazem todos os organismos vivos: trocando valores e verdades a partir de sua identidade básica Portanto, ele tem a oportunidade de mostrar virtualidades até hoje latentes e que podem vir à tona na interação com outras religiões e figuras espirituais em benefício para toda a humanidade, especialmente aquela que é mais sofredora. O cristianismo deve ser uma coisa boa para a criação e para a família humana, e não um problema e até um pesadelo.

1. Categorias universalistas do cristianismo

Há no cristianismo algumas categorias teológicas que lhe permitem ser um sistema aberto, e não fechado, como, por exemplo: o entendimento da criação como forma de automanifestação progressiva de Deus e o Reino como o projeto global de Deus sobre toda a criação; o oferecimento universal da salvação a todos em qualquer tempo e circunstância (*mysterium salutis*); o Verbo "que ilumina cada pessoa que vem a este mundo" (Jo 1,9); o Espírito que enche o Universo e é "princípio de vida" (Gn 6,17; Ex 37,10-14), e a dimensão cósmica de Cristo das epístolas aos efésios e aos colossenses. Essa positividade cristã é, por sua natureza, universalista e não excludente. Queremos nos concentrar na relevância do Cristo cósmico,[3] como um dado do processo evolutivo, para relacionar Jesus de Nazaré com outras figuras que bem podem ser também expressões desse Cristo cósmico.

2. O risco de um colonialismo cristão?

Antes de mais nada importa afastar a tentação de um possível colonialismo cristão. Precisamos conferir mais atenção ao conteúdo que às palavras. O conteúdo pode estar presente em outras religiões, embora talvez formulado por outras palavras. Se fizermos especial esforço de captar tal conteúdo para além das fórmulas, seguramente chegaremos a convergências surpreendentes.

Mais e mais estamos nos acostumando a tomar em consideração os pressupostos cósmicos e biológicos das questões, pois todas elas são expressões de um imenso processo evolucionário ainda em gênese.[4] Tudo o que existe preexiste de alguma forma. Jesus, bem como Sidarta Gautama, Chuang-tzu e outros, antes de surgir na história humana estava em gestação dentro do Universo. Por aquilo que fizeram foram chamados de Cristo (no caso de Jesus) e de Sidarta Gautama, de Buda. Todos eles possuem dimensões cósmicas, na medida em que o Universo inteiro trabalhou para que seu surgimento fosse possível. O que irrompeu neles não se transformou em monopólio pessoal. Eles realizaram de forma arquetípica virtualidades presentes no Universo. Assim, podemos dizer que Jesus surge como uma expressão singular do Cristo cósmico. O Cristo cósmico não esgota todas as formas possíveis de sua manifestação em Jesus, homem mediterrâneo, limitado e datado. Algo semelhante vale para Sidarta Gautama, que não esgota todas as virtualidades presentes em Buda. Caberia a uma teologia radical (que vai até as últimas raízes) identificar outras figuras às quais caberia o qualificativo de Cristo, embora não se chamem Jesus de Nazaré, ou Buda, embora não sejam identificadas com Sidarta Gautama.

3. Um cristianismo que ultrapassa "o cristianismo"

O próprio cristianismo nos leva a uma auto-superação que evita exclusivismo. Há, por exemplo, uma afirmação do Concílio Vaticano II que diz: "por sua Encarnação, o Filho de Deus uniu-se de algum modo a todo ser humano" (Gaudium et Spes n. 22 b). Isso quer dizer: cada ser humano foi tocado pelo Filho de Deus, não apenas os batizados e cristãos. Ele tem que ver com cada membro da família humana, independentemente de sua inscrição religiosa. Por ser humano, carrega dimensões crísticas.

O Concílio Calcedônia (451 d.C.) professa dogmaticamente que Jesus Cristo, sendo Deus, "é *perfeito na humanidade, verdadeiramente homem* e *consubstancial a nós segundo a humanidade, sendo em tudo igual a nós*, exceto no pecado".

Essa afirmação é carregada de significação antropológica. No fundo, se diz: o que se atribui a Jesus pode ser atribuído a cada ser humano, portador da mesma natureza que se formou ao longo de bilhões de anos de história cósmica.

Concretamente, nele estão presentes todas as energias e os elementos físico-químicos que se forjaram no coração das grandes estrelas vermelhas antes de explodirem e de lançarem tais elementos pelo Universo afora. Esses elementos entraram na composição das galáxias, das estrelas, dos planetas e de nossa própria realidade. O ferro que corria nas veias de Jesus ou de Sidarta Gautama, o fósforo e o cálcio que fortaleciam seus ossos e seus nervos, o nitrogênio e o azoto que garantiam seu crescimento, os 65% de oxigênio e os 18% de carbono que compunham seus corpos fazem com que Jesus e Sidarta Gautama sejam realmente seres cósmicos.

Como o Universo não possui apenas exterioridade, mas também interioridade, podemos dizer que a profundidade psíquica dele vem habitada pelos movimentos mais primitivos dos inconscientes cósmico, vegetal, animal e humano, pelos sonhos mais arcaicos e pelas paixões mais originárias, pelos arquétipos mais profundos e pelos símbolos mais ancestrais.

Numa palavra, Jesus e Sidarta Gautama são também produtos da grande explosão inicial com os desdobramentos que então ocorreram. Suas raízes se encontram na Via Láctea, seu berço no sistema solar, sua casa no planeta Terra e seu lugar concreto para Jesus na Palestina, nomeadamente em Nazaré, e para Sidarta Gautama em Pali e Benares, na Índia.

Eles são membros da família humana. Como os demais seres humanos, são animais, da *classe* dos mamíferos, da *ordem* dos primatas, da *família* dos hominídas, do *gênero* homo, da *espécie* sapiens e demens.

Jesus e Sidarta são filhos ainda da história da humanidade, de Israel e da Índia. Ambos são representantes da cultura de seu tempo. Pensaram e agiram com os recursos que essa cultura lhes propiciava.

Sem essas determinações histórico-cósmicas, eles não seriam concretos como foram. Jesus, por exemplo, não seria aquele que peregrinou nas poeirentas estradas da Palestina, anunciando um novo estado de consciência, de que somos de fato todos filhos e filhas de Deus e operadores de um Reino construído sobre uma nova relação para com Deus, chamado de Pai e com características de Mãe, dando centralidade aos pobres, ao amor e à irmandade universal, à compaixão e ao perdão incondicional.

4. Dois caminhos para entender a Encarnação

Detenhamo-nos rapidamente na figura de Jesus, pois é de nosso lar espiritual. A fé cristã professa que esse homem Jesus foi contemplado (ungido) para ser o Filho de Deus encarnado. Tentou explicar esse evento bem-aventurado por dois caminhos. O primeiro parte do Filho, que se acercou com amor e simpatia pelo ser humano e o assumiu. A nossa humanidade começou a pertencer ao Filho, que então se humanizou ou se encarnou. O outro parte do ser humano, cuja natureza é ser um projeto infinito e capaz de total abertura a Deus. Jesus se abriu de forma tão radical ao Filho que se identificou com ele. Ele se sente o Filho ao chamar Deus de Abba-Pai de bondade.

Ora, se Jesus se divinizou no Filho e se o Filho se humanizou em Jesus, e esse Jesus é em tudo igual a nós, significa então que ser Filho humanado e homem divinizado está dentro das possibilidades da humanidade. Caso contrário, seria impossível que esse evento bem-aventurado tivesse acontecido. Cada um à sua maneira, mas de forma real e concreta, é chamado a ser o *assumptus homo*: o ser humano, assumido para dentro do mistério do Filho, ou então a sermos o receptáculo do Filho que busca humanar-se.

5. O "crístico" e o cristão

Pierre Teilhard de Chardin (†1955) viu essa inserção cósmica de Jesus, chamado Cristo, e cunhou o termo "crístico" em distinção do "cristão".[5] A criação e a humanidade possuem objetivamente uma dimensão crística. Ela é um dado objetivo, ligado ao mistério da criação em processo de evolução/expansão/autocriação. Ora, esse dado objetivo se transforma em subjetivo quando chega à consciência no homem Jesus e em seus seguidores que formaram e formam uma comunidade de destino ao redor desse novo estado de consciência. O "crístico" então se transforma em "cristão", que é o "crístico" conscientizado, subjetivado e feito história.

Essa reflexão nos faz recordar Santo Agostinho em sua resposta a um filósofo pagão (Epístola 102) ou em suas *Retractationes* (I, 13,3): "Aquela que agora recebe o nome de religião cristã sempre existia anteriormente e não esteve ausente na origem do gênero humano, até que Cristo veio na carne; foi então que a verdadeira religião que já existia começou a ser chamada de cristã."

Em outras palavras, o Jesus histórico não esgota em si todas as possibilidades contidas no crístico. O crístico pode emergir em outras figuras. Na verdade, emerge em cada pessoa humana, em todos os organismos vivos, em cada ser do Universo, na matéria, no mundo subatômico, nas energias primordiais. O crístico se encontra na raiz de todo o ser.

Para entender tais afirmações precisamos esclarecer a palavra "Cristo".[6] Não é um nome, mas um adjetivo que se atribui a uma pessoa. Cristo em grego significa "ungido", como Messias, em hebraico, também significa "ungido".

"Ungido" é aquela pessoa que foi consagrada e assinalada para desempenhar uma determinada missão. O rei, os profetas, os sacerdotes eram "ungidos", consagrados ao exercerem uma função específica: o rei, governar com eqüidade, dando especial atenção aos desvalidos; o profeta, anunciar a Palavra; o sacerdote, celebrar os ritos sagrados. Mas cada ser humano, individualmente e em sua singularidade, é também um "ungido", pois é chamado por Deus por seu nome e ocupa o seu lugar no desígnio divino. Jesus foi chamado de Cristo por causa da obra redentora e libertadora que operou de forma exemplar e arquetípica.

Notemos a seguinte lógica: o homem Jesus se transformou em Cristo, e o Cristo se transformou em Logos ou Filho de Deus. O Cristo se tornou, assim, a manifestação do Logos ou do Filho.

O budismo conhece semelhante caminho.[7] Em primeiro lugar, existe Sidarta Gautama, o ser histórico que viveu seiscentos anos antes de Cristo. Mediante um processo de interiorização e ascese, chegou à "iluminação", que é um mergulho radical no Ser. Começou então a ser chamado de "Buda", que significa o "Iluminado". Mas essa iluminação – ser Buda – não é monopólio de Sidarta Gautama. Ela é oferecida a todos. Existe, portanto, a "budeidade", aquela Realidade transcendente que pode se autocomunicar de muitas formas na história das pessoas. O Buda é uma manifestação da "budeidade", que é a mais pura luz, a luz divina e a essência inominável.

Como transparece, o conteúdo concreto de "Cristo" e de "Buda" remete à mesma Realidade. Ambos revelam Deus. Sidarta Gautama é uma manifestação do Cristo cósmico, como Jesus de Nazaré. Ou Jesus de Nazaré é um "Iluminado", como Buda. Ambos foram "ungidos" para essa missão.

O taoísmo diz algo semelhante. No dizer do mestre Chuang-tzu, "não há lugar onde o Tao não possa ser encontrado... Ele é grande em tudo, completo em tudo, universal em tudo, integral em tudo".[8] O Tao é o Caminho universal, a Ordem cósmica, a Energia suprema, o Mistério abissal. Cada ser (pessoa, animal, pedra) possui o seu Tao, quer dizer, carrega-o dentro de si de uma forma particular e assim o revela. Unindo-nos ao Tao cósmico, alimentamos o Tao que está em nós e mergulhamos mais profundamente nele.

6. Outras figuras do "Cristo cósmico" na história

Expressões singulares do Cristo cósmico, ou da Iluminação, ou do Tao, cada uma a seu modo e forma, são figuras como Krishna, Francisco de Assis, Mahatma Gandhi, o Papa João XXIII, Dom Helder Câmara, Luther King Jr., Madre Teresa de Calcutá, entre tantos e tantas. Eles e elas não esgotam as possibilidades dessa sublime Realidade. Ela se dá em todos. Mas neles ganharam tal densidade, que se transformaram em referências e arquétipos orientadores para multidões da humanidade que se descobrem também como filhos e filhas de Deus e portadores da Iluminação e do Tao.

Outra expressão do Cristo cósmico que evita a "cristianização" do tema é a expresão Sabedoria/Sofia.[9] Está presente na tradição de todos os povos que ostentam os seus mestres e sábios, que exaltam a Sabedoria como plasmadora da vida e do Universo em sua forma mais harmoniosa.

O Antigo Testamento dedica-lhe todo um livro – o livro da Sabedoria –, no qual se afirma que por ela foram criadas todas as coisas. "Embora sendo uma só, pode tudo; permanecendo imutável, renova tudo, se estende com vigor de uma extremidade à outra e governa benevolamente o mundo" (7,27; 8,1). Essa Sabedoria perpassa o mundo suscitando integridade, equilíbrio, esplendor e beleza. Cada ser do Universo é fruto da Sabedoria e é seu sacramento. É uma outra expressão do Cristo cósmico, da budeidade e do Tao.

A categoria Logos também foi usada por São João e os primeiros teólogos cristãos para mostrar a universalidade do Cristo cósmico. Por mais complexos que sejam os muitos significados de Logos,[10] no seu núcleo essencial, ele quer expressar o momento de inteligibilidade e ordenação do Universo que não pode permanecer como uma força impessoal, mas de suma subjetividadade e consciência.

O conhecido mestre yogui do Brasil, Hermógenes, sem cair no sincretismo fácil, mas a partir de uma profunda experiência espiritual de unidade com o Todo, criou a seguinte fórmula como "Glória ao Uno":[11]

> Pedi a bênção a Krishna
> e Cristo me abençoou.
> Orei ao Cristo
> e foi Buda quem me atendeu.
> Chamei por Buda
> e Krishna respondeu.

Notas

1. L. Boff, *A civilização planetária*, Rio de Janeiro: Sextante, 2003.
2. Veja alguma bibliografia a respeito do tema: J. Depuis, *Rumo a uma teologia cristã do pluralismo religioso*, São Paulo: Paulinas 2002; J. Hick, *God has many names*, Filadélfia, The Westminster Press, 1982; P. Knitter, *Introducing Theology of Religions*, Nova York, Orbis Books, 2002; C. J. PierisLopes, *Pluralismo teológico e cristologia*, Petrópolis, Vozes, 2005; F. de Mier, *Salvados y salvadores. Teología de la salvación para el hombre de hoy*, Madri: San Pablo, 1998; J. M. Vigil, *Teología del pluralismo teológico*, Quito: Editorial Abya Yala, 2005; F. Teixeira, *Teologia das religiões*, São Paulo: Paulinas, 1995; A., *El rosto asiático de Cristo*, Salamanca, Sigueme, 1991.
3. Conferir L. Boff, *O evangelho do Cristo cósmico*. Rio de Janeiro: Record, 2006; A. D. Galloway, *The Cosmic Christ*, London: Nisbet&Co. Ltd., 1951; H. Wells, *The Christic Center*. Life-Giving and Liberating, Nova York, Orbis Books, 2004; D. Edwards, *Jesus and the Cosmos,* Nova York, Paulist Press, 1991; *Id., Jesus the Wisdom of God. An ecological Theology*, Nova York, Orbis Books, 1995; G. Schiwy, *Der kosmische Christus*, München, Kósel Verlag, 1990; W. Beinert, *Christus und der Kosmos*, Freiburg, Herder, 1974; J. Moltmann, "Der kosmische Christus", *in Wer ist Christus für uns heute*, Gütersloh, Gütersloher Verlaghaus, 1994 (todo o capítulo VI); J. Depuis, "O Cristo cósmico nos primeiros padres", *in Rumo a uma teologia cristã, op. cit.*, p.83-122; H. J. Gabathuler, *Jesus Christus Haupt der Kirche-Haupt der Welt*, Zürich-Stuttgart, 1965; J. Ernst, *Pleroma und Pleroma Christi*, Regensburg, Pustet, 1970; R. Nooth, "The Scotist Cosmic Christ", *in De doctrina Johannis Duns Scoti*, vol. III, Roma, 1968 p. 169-217; J. A. Merino Abad, "Cristología escotista y creación", *in* Carthaginensia 25 (1998), p. 101-116.
4. B. Swimme, Berry Th., *The Universe Story*, San Francisco, HarperSan Francisco, 1992.
5. Conferir a reunião dos principais textos no segundo capítulo deste livro.
6. Conferir A. Orbe, "La unción del Verbo", *in Analecta Gregriana 113* (1961, p. 67-71).
7. Veja os comentários de Jean-Yves Leloup e Leonardo Boff *in Terapeutas do deserto*, Petrópolis, Vozes, 1997, p. 148- 151. Veja também C. G. Jung,

"Jesus, archetypisch gesehen", *in Obras Completas 11*, Olten, Walter Verlag, 1971.
8. Veja *A via de Chuang-Tzu*, tradução de Thomas Merton, Vozes: Petrópolis, 1979.
9. Conferir D. Edwards, *Jesus the Wisdom of God. An ecological Theology*, Nova York, Orbis Books, 1995; A. Feuillet, *Le Christ, Sagesse de Dieu d'après les Epîtres pauliniennes*, Paris, Bauchesne, 1966.
10. Uma minuciosa discussão sobre os vários sentidos de Logos se encontra em J. Depuis, *Rumo a uma teologia cristã do pluralismo religioso, op. cit.* p. 83-113.
11. *Canção Universal*, Rio de Janeiro: Record, 1991, p. 47.

Conclusão

ESPIRITUALIDADE CÓSMICA

As reflexões que perpassam todo este livro são esforços de dizer o indizível, tentativas de expressar o inexprimível que é a identificação daquele Elo que tudo unifica, atrai e empurra todo o Universo para cima e para a frente na direção de formas cada vez mais altas de ordem e de complexidade. O Cristo cósmico foi a fórmula que os cristãos encontraram para dar razões a esta suprema Realidade.

Mas, como temos considerado, esta busca se dá em todas as tradições sapienciais e religiosas da humanidade. Outros chamam a essa suprema Realidade de Logos, de Tao, de Sabedoria, Iluminação. Os nomes variam, mas o conteúdo intencionado é o mesmo. Tomamos como referência contemporânea a construção feita por Pierre Teilhard de Chardin, por ser próximo a nós, de nossa pátria espiritual e por ter dialogado com a cosmologia contemporânea que constitui o horizonte comum da nova consciência da humanidade.

O leitor e a leitora deverão ter percebido que, aqui, os conceitos se evaporam e perdem quase sua consistência. O que seja de fato esse pancristismo, a budeidade e o Tao no-lo comunicam melhor o mito, a visão, os símbolos e a celebração. Ou, como sugere Buda, simplesmente o "nobre silêncio", pois tudo o que dissermos é pouco e não expressa a Realidade.

Aquilo que C. G. Jung dizia a respeito do ser humano se aplica aqui com toda a razão: "O que se é na sua própria visão interna, e o que o ser humano *sub specie aeternitatis* parece ser, pode ser expresso somente através do mito. Ele é individual e exprime a vida mais exatamente que a ciência. Esta opera com conceitos médios que são por demais gerais para serem aplicados com justeza à variedade subjetiva de cada vida."[1]

Teilhard tinha consciência clara a esse respeito. Ele diz: "O sonho de nossa vida é o estado superior de uma união, onde a gente se sentiria divinamente ligado a tudo, acima das imagens e dos conceitos. Mas creio que, aqui em baixo, embora tendo a alegria de poder sentir, no coração de tudo, o Único Necessário, nós não o atingiremos (no sucesso ou no insucesso), senão na medida em que nós nos esforçarmos em precisar, trabalhosamente, as imagens, os conceitos e as coisas. No seu conjunto, Cristo se nos dá através do mundo a consumar (*etiam naturaliter*) em relação a Ele mesmo."[2]

Teilhard assegura que ele não confere nenhum valor absoluto às construções humanas. Mas elas têm um valor provisório e essencial.[3] Por isso, ele não teme também dizer "que a melhor filosofia para mim será aquela que me permite mais sentir a Cristo necessariamente e por tudo".[4] E essa filosofia encontra sua melhor forma de expressão, não no conceito, mas no mito que corresponde melhor ao mistério profundo dessa realidade, às profundezas misteriosas da alma humana, e à situação do ser humano, que, na condição de peregrino, só pode ver as coisas divinas *in speculo et in aenigmate* (por espelhos e por enigmas). O mesmo pode ser afirmado com referência à budeidade e ao Tao.

Só o mistério, que reveste um mito existencial, confere pleno sentido à vida como projeto total. Teilhard, por meio da síntese pessoal entre fé e ciência, sob a forma do Cristo cósmico, formulou, com o material representativo de nosso tempo, um mito acerca da unidade de toda a realidade, no qual não só ele, mas muitas outras pessoas sedentas da verdade essencial, encontravam sentido e uma fonte de inspiração criadora.

Essa reflexão a partir do cristianismo pode abrir-se a um diálogo com a busca da física e da cosmologia contemporâneas, pois elas se confrontam continuamente, a partir dos dados que recolhem do conhecimento do Universo, com a questão da unidade do Todo. Ela encontrou na Teoria de Tudo uma expressão clássica. Os termos da resposta são outros, mas a preocupação básica é a mesma. Não descansamos enquanto não vislumbrarmos atrás e no fundo de todos os fenômenos e do próprio Universo a estrutura fundamental ou a fórmula alquímica que tudo sustenta e também explica.

Mas o efeito maior desta reflexão consiste no resgate de uma espiritualidade cósmica. O Sagrado, a Última Realidade não é encontrável apenas nas religiões e em seus textos sagrados. Nem sequer se reduz à profundidade humana. Ela habita o Universo e cada partícula do cosmos. Estamos mergulhados nessa inefável Realidade. Elas nos perpassa como impregna o Todo. Em termos espirituais, significa que quando abraçamos o mundo estamos entrando em comunhão com esta Suprema Realidade. Vivemos em seu templo, e cada gesto que fizermos pode possuir um significado litúrgico de celebração. São Boaventura em seu *Itinerário da mente para dentro de Deus*, São Francisco de Assis no seu famoso *Cântico ao Irmão Sol* e Teilhard de Chardin em *A missa sobre o mundo* e em seus muitos escritos e cartas, se enchiam de emoção quando se deixavam tomar por esta consciência crístico-cósmica.

Há poucos cristãos que assumiram esse caminho espiritual, tão adequado ao nosso tempo de extraordinária acumulação de dados sobre o micro e o macrocosmos.[5] A matéria deixa de ser simplesmente matéria na concepção usual da palavra. Ela é um campo de grandíssima irradiação de energia, o tabernáculo onde habita o Cristo cósmico. O crístico nos habita e por isso podemos identificar outros "cristos" que se sobressaíram ao longo da história. E devemos deixar que nosso crístico pessoal entre em comunhão com a energia crística universal. Assim, o crístico se tornará mais e mais consciente e fará seu curso na história da humanidade.

Como conclusão, apraz-nos citar uma declaração do grande poeta e antigo presidente do Senegal, Leopold Sengor, a propósito do décimo aniversário da morte de Teilhard (1965): "Quando algum jovem vem me procurar, cansado e desiludido, ansioso como eu, por encontrar o verdadeiro caminho, recomendo-lhe que leia Pierre Teilhard de Chardin. Pois foi ele quem me devolveu a fé, permitindo-me, ao mesmo tempo, ser um socialista africano: um *socialista com fé.*"[6]

Notas

1. A. Jaffé, C. G. Jung, *Erinnerungen, Träume, Gedanken*, Zürich-Stuttgart, 1963, p. 10.
2. *Blondel et Teilhard de Chardin, op. cit.*, p. 32.
3. *Id., ib.*
4. Mon Univers (1918), Écrits du temps de guerre, *op. cit.*, p. 277; Mon Univers (1924), t. IX 84; conferir Blondel et Teilhard de Chardin, p. 84, 111-112.
5. Veja meus escritos: *Espritualidade, caminho de realização*, Rio de Janeiro: Sextante, 2004, e também *Ecologia: grito da Terra, grito dos pobres*, Rio de Janeiro: Sextante, 2005.
6. Conferir *Correio da Manhã* (Rio de Janeiro), edição de 25 de maio de 1965.

BIBLIOGRAFIA

Indicaremos, aqui, os principais estudos sobre a cristologia cósmica. A lista não pretende ser completa, embora seja minuciosa. Os grandes comentários da Escritura não serão aqui referidos, somente livros, monografias e artigos.

Abad Merino, J. A. Cristología escotista y creación, *in Carthaginiensia 25* (1998) p. 101-116.

Alverny D', A. Le cosmos symbolique du XII siècle, *in Archive d'histoire doctrinaire et litteraire du Moyen-Age 20* (1953), p. 31-81.

Althaus, P. Die Gestalt dieser Welt und die Sünde. Ein Beitrag zur Theologie der Geschichte, *in ZSysTh 9* (1932), p. 319-338.

Andersen, W. *Jesus Christus und der Kosmos*, Bad Salzuflen, 1963.

Auer, A. *Weltoffener Christ*, Düsseldorf, 1960, 143s.

Bauhofer, O. *Die rettenden Gewalten*. Weltbegreifung und Weltgestaltung, Viena, 1950.

Beinert, W.*Christus und der Kosmos*, Freiburg, Herder, 1974.

Benoit, P. Corps, Tête et Plérome dans les Epîtres de la Captivité, *in* RB 63 (1956), p. 5-44, ou *in Exégèse et Théologie*, t. II, Paris, 1961, p. 106-153.

Bernhard, J. Kosmos, Hierarchie und Kirche, *in TheolZt 2* (1936), p. 65-90.

Biedermann, H. M. *Die Erlösung der Schöpfung beim Apostel Paulus*, Würzburg, 1940.

Blinzler, J. Lexikalisches zu dem Terminus "stoikéia tou kosmou" bei Paulus, *in Analecta Biblica*, 17-18/2 (1963), p. 429-443.

Berkhof, H. *Der Sin der Geschichte: Christus*, Göttingen e Zürich, 1962.

Best, E. *One Body in Christ*, Londres, 1955, p. 83-159.

Blondel, M. *Un énigme historique: Le "Vinculum substantiale" d'après Leibniz et l'ébauche d'un réalisme supérieur*, Paris, 1930.

_____. Lettre sur l'apologétique de 1896, *in Les premier ecrits de M. Blondel*, t. 2, Paris 1956, 80s.

Beaucamp, E. *La Bible et le sens religieux de l'univers* (Lectio Divina 25), Paris, 1959.

Boff, L. "Rache a lenha...e estou dentro dela": o Cristo cósmico, *in Ecologia: grito da Terra, grito dos pobres*. Rio de Janeiro: Sextante, 2004, p. 236-250.

_____. *Ética e eco-espiritualidade*. Campinas: Verus, 2003.

Bonnefoy, J. *Christ and the Cosmos*. Mailach, 1965.

Bolls, F. *Die Apokalypse des Apostels Johannes und die hellenistische Kosmologie und Astrologie*. Freiburg, 1929.

Bornkamm, G. Die Häresie des Kolosserbriefes, *in Das Ende des Gesetzes*. Gesammelte Aufsätze I. München, 1958, p. 139-146.

_____. Christus und die Welt in der urchristlichen Botschaft, *in ZThK 47* (1950), p. 212-226.

Boros, L. Meditation über die Eucharistie, *in Orientierung 27* (1963), p. 117-119; 134-136.

_____. *Erlöstes Dasein*. Mainz, 1966.

_____. *Mysterium mortis*. Der Mensch in der letzten Entscheidung. Olten e Freiburg, 1962.

Bouessé, H. P. *Un seul chef, ou Jesus Christ, chef de l'univers et tête des saints*. Paris, 1950.

Boyer, C. "Kainé Ktísis" (2Cor 5,17; Gl 6,15). Analecta Biblica **17-18/1** (1963), p. 487-490.

Bouyer, L. Royauté cosmique, *in La Vie Spirituelle*, 1964.

Braun, F. M. Le monde bon et mauvais de l'Evangile johannique, *in La Vie Spirituelle*, 1953, p. 580-598.

Brinkmann, R. Die kosmische Stellung des Gottmenschen in paulinischer Sicht, *in WiWei 13* (1950), p. 6-33.

Buckley, R. W. The Phrase First born of Every Creature (Cl 1,15) in the light of its jewisch and hellenistic Background. Roma, 1961.

Bürkle, H. Die Frage nach dem "kosmischen Christus" als Beispiel einer ökumensich orientierten Theologie, *in Kerygma und Dogma 11* (1965), p. 103-116.

Buerney, C. F. Christ as the arché of Creation, *in JThS 27* (1926), p. 160-177.

Buess, E. Das antike Weltbild in der Bibel als theologisches Problem, *in ThZBas 8* (1952), p. 101-116.

Bytomski, F. Die genetische Entwicklung des Begriffes Kosmos in der heiligen Schrift, *in Jahrbuch f. Philsophie und spekulative Theologie 25* (1911), p. 180-201; 389-413.

Cambier, J. La Seugnerie du Christ sur son Eglise et sur le monde, d'après le NT, *in Irénikon* (1957), p. 379-404.

Campenhausen, F. Fr. Von. Zur Auslegung von Röm 13. Die dämonische Deutung des "exousia" Begriffes, *in Bertholet-Festschirft*, 1950, p. 97-113.

Chadwick, H. All things to All Men, *in NTS 1* (1955), p. 261-275.

Capelle, W. Die Schrift von der Welt, *in Weltbild im Umriss aus dem 1.* Jahrhundert nach Christus. Jena, 1907.

Cardaropoli, G. Le Cristocentrismo nel pensiero di Duns Scotus e di Teilhard de Chardin, *in De doctrina Joannis Duns Scotus*. Roma, 1968, vol. III, p. 259-290.

Culmann, O. *Königschaft Christi und Kirchen im NT*. Zürich, 1941.

Casel, O. Die Ekklesia und der Kosmos, *in Mysterium der Ekklesia*. Mainz, 1962, p. 120-122.

Capizzi, C. Pantokrator, *in Orient*. Christ. Anal. Roma, 1964.

Dahl, N. A. Christ, Creation and Church, *in The Background of the NT and its Eschatology in Honor of C. H. Dood*. Cambridge, 1956, p. 422-443.

Dantine, W. Schöpfung und Erlösung, *in Kerygma und Dogma 11* (1965), 33-48, esp. 39 ff.

Delekat, F. *Der gegenwärtige Christus. Versuch einer Theologie der Geschichte*. Stuttgart, 1949.

Depuis, J. *Rumo a uma teologia cristã do pluralismo religioso*. São Paulo: Paulinas, 1999.

Devanandan, A. D. Zu Zeugen berufen, *in Neu Dehli Dokumentarbericht*. Stuttgart, 1962, p. 489-498.

Dibelius, M. *Die Geisterwelt im Glauben des Paulus*. Göttingen, 1909.

_____. *Evangelium und Welt*. Göttingen, 1929.

Dilschneider, O. A. *Gefesselte Kirche*. Stuttgart, 1953, p. 136-147: Die Botschaft vom kosmischen Christus.

_____. *Das christliche Weltbild*. Gütersloh, 1954, p. 91-98: Das Wesen des kosmischen Christus.

Dölger, F. J. Zur antiken und frühchristlichen Auffassungen der Herrschergewalt von Gottes Gnaden, *in AC 3* (1932), p. 117-127.

Dowd, M. *Earthspirit. An Handbook for Nurturing an Ecological Christianity.* Connecticut: Twenty-Third Mistic, 1990.

Dubarle, A. M. Lois de l'univers et vie chrétienne, in *Assemblées du Seigneur 58* (1964), p. 14-26.

_____. Le gémissements des créatures dans l'ordre divin du cosmos, in *RSPhTh 3* (1954), p. 445-465.

Du Plessis, I. J. *Christus as Hoof van Kerk en Kosmos.* Groningen, 1962.

Dupont, J. *Gnosis. La connaissance religieuse dans les Epîtres de St. Paul.* Paris-Louvain, 1949, esp. 419-493.

Duquesne, A. F. *Cosmos et gloire. Dans quelle mesure l'univers physique a-t-il participé à la rédemption et à la gloire.* Paris, 1947.

Duquoc, C. La royauté du Christ, in *Lumière et Vie 57* (1962), 84s.

Durrwell, F. X. Le Christ, premier et dernier, in *Bible et Vie Chrétienne* (1963), 16-28, esp. 22-25.

Edwards, D. *Jesus and the Cosmos.* Nova York: Paulist Press 1991.

_____. *Jesus the Wisdom of God. An ecological Theology.* Nova York: Orbis Books, 1995.

Ellingworth, P. Colossians 15-20 and its Context, in *Evangelische Theologie 73* (1962), 252s.

Ernst, J. *Pleroma und Pleroma Christi.* Pustet, Regensburg, 1970.

Farmer, H. *The World and God.* Nisbet, 1943.

Feuillet, A. L'Eglise plérome du Christ d'après Eph, in *NRTh 78* (1956), 446-472; 596-610.

_____. La création de l'univers dans le Christ d'après l'Epître aux Colossiens (1, 16a), in *NTS 12* (1965), p. 1-9.

_____. *Le Christ Sagesse de Dieu d'après les Epîtres pauliniennes.* Paris, 1966.

Fox, M. *A vinda do Cristo Cósmico. A cura da Mãe Terra e o surgimento de uma renascença planetária.* Rio de Janeiro: Record, 1995.

_____. *Original Blessing.* Santa Fe: Bear & Company, 1983.

Fraine, J. *Adam et son lignage: Etudes sur la notion de "personnalité corporative" dans la Bible.* Bruges, 1959.

Fuller, R. *Mission and Achievement of Jesus.* Allenson, 1954.

Gabathuler, H. J. *Jesus Christus Haupt der Kirche-Haupt der Welt.* Der Christushymnus Colosser 1, 15-20 in der theologischen Forschung der letzten 130 Jahre, Zürich-Stuttgart, 1965.

Galloway, A. D. *The cosmic Christ.* Oxford, 1951.

Geffechken, J. *Christentum im Kampf und Ausgleich mit der griechisch-römischen Welt.* Leipzig, 1920.

George, A. La seigneurie du Christ dans les évangiles synoptiques, *in Lumière et Vie* 57 (1962).

Gewies, J. *Christus, das All und die Kirche* (crítica ao livro de Mussner com o mesmo titulo), *in Theologische Revue* (1957), p. 295-312.

_____. *Christus und das Hell nach dem Kolosserbrief.* Breslau, 1932.

_____. Die Begriffe pläroun und pläroma im Kolosser und Epheserbrief, *in Wort des Lebens* (Festsch. a M. Meinertz, edit. por N. Adler). Münster, 1951, p. 128-141.

Goguel, H. Le caractère et le rôle de l'élément cosmologique dans la sotériologie paulinienne, *in Revue d'Histoire et Philosophie religieuse* 15 (1935), 344s.

Gregor, G. H. Mc. Principalities and Powers. The cosmic Background of Paul's Thought, *in NTS* 1 (1954), p. 17-28.

Gross, H. *Die Weltherrschaft als religiöse Idee im Alten Testament.* Bonn, 1953.

Grundmann, W. *Der Begriff der Kraft in der neutestamentlichen Gedankenwelt.* Stuttgart, 1932.

Grützmacher, R. H. *Diesseits und Jenseits in der Geschichte der Menschheit.* Berlin, 1932.

Guggenberger, A. Christus und die Weit nach Teilhard de Chardin, *in Theologie der Gegenwart* 8 (1965), p. 9-19.

_____. Personierende Welt und Inkarnation, *in Hochland* 53 (1960/61), p. 318-332.

Hegermann, H. *Die Vorstellung vom Schöpfungsmittler im Hellenistischen Judentum und Urchistentum.* Berlin, 1961.

Havet, J. Christ collectif ou Christ individuel en 1Cor 12,12? *in Ephemerides Theologiae Lovanienses* 33 (1947), p. 499-520.

Heim, K. *Jesus als Weltvollender.* Hamburg, 1952.

Hengstenberg, H. E. Untersuchungen zur Christologie Teilhard de Chardin, *in Wissenschaft und Weisheit* 26 (1963), p. 165-179.

_____. *Evolution und Schöpfung.* München, 1963, p. 147-154.

Hobhouse, W. *The Church and the World in Idea and in History.* London, 1910.

Haas, A. Welt in Christus-Christus in Welt. Darstellung und Deutung der geistigen Lehre bei Teilhard de Chardin, *in Geist und Leben 37* (1964), 98-109; 184-202; 272-298; 356-376.

Holtz, T. *Die Christologie der Apokalypse das Johannes.* Berlin, 1962.

Hommel, H. Pantokrator, *in Theologia Viatorum 5* (1953/54), p. 322-378.

Humboldt, A. von, *Kosmos. Entwurf einer physischen Weltbeschreihurg,* 2 t., Stuttgart, 1869.

Jeannière, A. *Teilhard de Chardin. Cosmogenèse et Christogenèse.* Paris, 1965.

Jeremias, J. *Jesus als Weltvollender.* Gütersloh, 1930.

Johnson, L. Christ Pre-eminent, *in* Biblioteca Sacra, 1962, p. 12-19.

Käsemann, E. *Leib und Leib Christi.* Tübingen, 1933. Das Interpretationsproblem des Epheserbriefes, *in Theologische Literaturzeitung 86* (1961), p. 1-8.

_____. Christus, das All und die Kirche, *in Theologische Literaturzeitung 81* (1956), p. 585-590.

_____. Eine urchristliche Taufliturgie, *in Festschrift R. Bultmann.* Stuttgart, 1949, p. 133-148

Kehl, N. *Der Christushymnus im Kolosserbrief, Katholisches Bibelwerk.* Stuttgart, 1967.

Köberle, A. Christus und der Kosmos, *in K. Heim-Festschrift: Theologie als Glaubenswagnis.* Hamburg, 1954, p. 96-112.

Korvin-Krasinski, C. Die Schöpfung als "Tempel" und "Reich" des Gottesmenschen, *in Enkainia*, edit. por. H. Emonds. Düsseldorf, 1956, p. 206-229.

Kragerud, A. Jesu Offenbarung von den irdischen und den himmlischen Dingen, *in Norsk Theologisk Tidsschrift*, 1957, p. 17-53.

Kuhaupt, H. *Der neue Himmel und die neue Erde.* Eine theologische Auslegung Apok 21, 1-22; 5., Münster, 1947.

Kwant, R. G. *Der Christ und die Welt.* Paderborn, 1965.

Lackmaan, M. *Vom Geheimnis der Schöpfung.* Die Geschichte der Exegese von Römer 1, 18-23; 2, 14-16 und Acta 14, 15-17; 17, 22-29 vom 2. Jahundert his zum Beginn der Orthodoxie. Stuttgart, 1952.

Laivestad, R. *Christ the Conqueror.* London, 1954.

Langkammer, H. Der Ursprung des Glaubens an Christus an den Schöpfungsmittler, *in Liber Annuus 18* (1968), p. 55-93.

Lattanzi, U. Cristo nella Hierarchia degli esseri secondo le Lettere de lla Captività, *in Divinitas* (1958), p. 472-485.

Leclerq, J. *L'idée de la royauté du Christi au Moyen-Age.* Paris, 1959.

Legend, L. La Création, triomphe cosmique de Yahvé, *in Nouvelle Revue Théologique 138* (1961), p. 449-470.

Lietzmann, H. *Der Weltheiland.* Bonn, 1909.

Lightfoot, J. B. *St. Paul's Epistles to the Colossians and to Philemon.* Michigan, 1879.

Lohmeyer, E. *Probleme paulinischer Theologie.* Stuttgart, 1954.

Löwe, R. *Kosmos und Aion. Em Beitrag zur heilsgeschichtlichen Dialektik des urchistlichen Weltvesständnisses.* Gütersloh, 1935.

Lubac, H. de, *La prière de Teilhard de Chardin.* Paris, 1964, p. 39-50.

_____. *Blondel et Teilhard de Chardin.* Paris, 1965.

Lyonnet, S. La rédemption de l'univers, *in Lumière et Vie 9* (1960), p. 41-62.

McDaniel, J. B., *Earth, Sky, Gods & Mortals: Developing an Ecological Spirituality.* Connecticut: Twenty-Third Mystic, l990.

Id., With Roots and Wings. *Christianity in an Age of Ecology and Dialogue.* Nova York: Orbis Books, l995; p. 42-58.

Maloney, G. A. *El Cristo cósmico. De S. Pablo a Teilhard.* Santander, 1970.

Mascall, E. L. *Christian Theology and natural Science.* London, 1956; p. 36-46.

Maurer, C. Die Begründung der Herrschaft Christi über die Mächte nach Kol 1, 15-20, *in Wort und Dienst* (Betheil Jahrbuch) 1955, p. 79-93.

_____. Der Hymnon von Eph 1 als Schlüssel zum gauzen Brief, *in Evangelische Theologie 11* (1951), p. 151-172.

Mersch, E. *Le corps mystique du Christ: Études de théologie historique II,* Paris-Bruxelas, 1951, p. 243-252.

Michaelis, W. *Versöhnung des Alls, Gründlingen bei Bern,* 1950.

Michel, O. Der Herr der Welt, *in Universitas 2* (1947), 897-908; p. 1039-1050.

Moltmann, J. *O caminho de Jesus Cristo.* Petrópolis: Vozes, 1993.

Id. *Quem é Jesus Cristo para nós hoje?* Petrópolis: Vozes, 1997.

Möller, W. *Geschichte der Kosmologie in der griechischen Kirche bis auf Origenes.* Halle, 1860.

Mooney, Ch. F. *Teilhard de Chardin and the Mystery of the Christ*. London, 1966.

_____. Paul's Vision of the Church in "Ephesians", *in Schripture 15* (1963), p. 33-43.

_____. The Body of Christ in the Writings of Teilhard de Chardin, *in Theological Studies 25* (1964), p. 576-610.

Mussner, F. *Christus, das All und die Kirche*. Trier, 1955.

_____. Die Geschichtstheologie des Epheserbriefs, *in Analecta Biblica 17-18* (1963), p. 59-63.

Nooth, R. The Scotist Cosmic Christ, *in De doctrina Johannis Duns Scoti*, vol. III, Roma 1968, p. 169-217.

Norden, E. *Agnostos Theos*, Stuttgart ⁴1956, 240-250, 347s.

North, R. The Scotist cosmic Christ, *in De Doctrina Ioannis Duns Scotus*. Roma, 1968, vol III, p. 169-217.

Nygren, A. Christus und die Mächte der Verderbnis, *in Svenk Theologisk Tidjkrift 21* (1951).

Odeberg, H. *The view of the universe in the Epistle to the Ephesians*. Lund, 1934.

Percy, E. *Die Probleme der Kolosser und Epheserbriefe*. Lund, 1946.

_____. Zu den Problemen der Epheser und Kolosserbriefe, *in ZNW 43* (1950/51), p. 178-194.

Perels, O. Kirche und Welt nach dem Epheser und Kolosserbrief, *in Theologische Literaturzeitung 7* (1951), p. 391-400.

Pfleger, K. *Die verwegenen Christozentriker*. Freiburg, 1964.

Pinsk, J. *Die sakramentale Welt*. Freiburg, 1938.

Pollard, E. Cosmology and the Prologue of the Fourfth Evangile, *in Vigiliae Christiane* (1958), p. 147-153.

Rahner, K. *Zur Theologie des Todes, Quaestiones Disputatae 2*, Freiburg-Basel-Wien, 1958.

_____. Die Christologie innerhalb einer evolutiven Weltanschauung, *in Schriften zur Theologie V*, Einsiedeln, 1962, p. 188-221.

Reuss, J. Die Kirche als "Leib Christi" und die Herkunft dieser Vorstellung, bei dem Apostel Paulus, *in Biblische Zeitschrift 2* (1958), p. 103-127.

Rigaux, B. Création et recréation du monde de l'homme, *in Humanités chrétiennes 5/5* (1962), 415-431; 6/1 (1963), p. 29-42.

Riedlinger, H. O Reinado cósmico de Cristo, *in Concilium 1* (1966), p. 91-111.

Rousseau, O. Die Idee des Königtums Christi, *in Concilium 1* (1966), p. 63-70.

Rosenkranz, G. Die Rede vom kosmischen Christus angesicht der indischen Geisteswelt, *in EMZ* (1963), 159 ff.

Roxo, R. M. *Teologia do cosmos*, Petrópolis, 1955.

Ruler, V. De verhouding van het kosmologische en het eschatologische element in de Christologie, *in Nederl.* Theol. Tidsch. 16 (1961), 196-217.

Rust, E. C. *Nature and Man in Biblical Tought*. London, 1953, p. 197-803.

Scheu, L. *Die Weltelemente beim Apostel Paulus* (Gl 4,3.9; Kol 2,8.20) Washington, 1933.

Schiwy, G. *Der kosmische Christus*. München: Kósel Verlag, 1990.

Schlier, H. *Der Brief an die Epheser*. Ein Kommentar, Düsseldorf, 1957.

_____. *Die Zeit der Kirche*. Freiburg, 1956.

_____. e Warnach, W. *Die Kirche im Epheserbrief*. Münster, 1949.

_____. Kephale, Anakephalaioomai, *in Theologisches Wörterbuch zum NT*, Stuttgart, 1938, p. 672-682.

_____. Mächte und Gewalten im NT, Quaestiones Disputatae 3, Freiburg, 1958.

_____. Über die Herrschaft Christi, *in Geist und Leben 30* (1957), 246s.

_____. Corpus Christi, *in RAC III*, 437-453.

Schmaus, M. Sachhafte und personalhafte Struktur der Welt, *in Interpretation der Welt* (Festsch. Romano Guardini), Würzburg, 1964, p. 693-701.

Schmidt, H. Liturgia cósmica, *in Revista Liturgica 3* (1964), p. 331-343.

Schnackenburg, R. *Gottes Henschaft und sein Reich*, Freiburg, 1959.

Schral, E. *Recapitulatio mundi. Der Rekapitulationsbegriff des heiligen Irenäus und seine Anwendung auf die Körperwelt*. Freiburg, 1941.

Schrenck, E. Der Kosmosbegriff bei Johannes mit Berücksichtigung des vorjohanneischen Gebrauchs von Kosmos, *in Mitteilungen und Nachrichten für die evangelische Kirche in Russland* 51 (1895), p. 1-29.

Scheffczyk, L. Die "Christogenèse" Teilhard do Chardins und der kosmische Christus bei Paulus, *in Tübinger Theologische Quartalschrift 143* (1963), p. 136-174.

———. Der "Sonnengesang" des hl. Franziskus von Assisi und die Hymne an die Materie" des Teilhard de Chardins, *in Geist und Leben 35* (1962), p. 219-233.

———. Die materielle Welt in Lichte der Eucharistie, *in Aktuelle Fragen zur Eucharistie*, edit. por M. Schmaus. München, 1960, p. 156-180.

Schubart, W. *Das Weltbild Jesu*. Leipzig, 1927.

Schneider, R. *Verhüllter Tag*, Köln-Oltem, 1956, p. 220-222.

———. *Winter in Wien*. Freiburg, 1959, 241s, 182.

Schweizer, E. Die Kirche als Leib Christi in den paulinischen Homologoumena, *in Neotestamentica*, Stuttgart, p. 272-293.

———. Die Kirche als Leib Christi in den paulinischen Antilegoumena, *in Neotestamentica*, op. cit. 298-317.

———. Die Kirche als der missionarische Leib Christi, *in Kirche heute*, Bergen-Enkheim, 1965.

———. Jesus Christus Haupt über die Kirche und Welt, *in Libertas Christiana* (Festsch. J. Delekat) München, 1957, p. 175-187.

Schult, A. *Das Johannesevangelium als Offenbarung des kosmischen Christus*. Remagen, 1965.

Schückler, G. Kirche und Kosmos, *in NZfMW 22* (1966), p. 1-15.

Senarclens, J. *Le Mystère de l'histoire. Introduction à une conception christologique du devenir*. Paris, 1950.

Szekeres, A. *Le Christ cosmique de Teilhard de Chardin*. Paris, 1969.

Siegel, G. *Das Bild der Welt in christlicher Schau*. Stuttgart, 1949.

Siemon, A. *Die Stellung zur Welt im Urboudhismus und im Urchristentum*. Bonn, 1941.

Simon, F. Le Royaume de Dieu et le Monde, *in Dieu Vivant 17* (1951), p. 17-34.

Sittler, J. Zur Einheit berufen, *in W. A. Visser't Hooft*, Neu Delhi, Dokumentarbericht, Stuttgart, 1962, p. 512-523.

Sizoo, A. *Die antike Welt und das Neue Testament*. Konstanz, 1955.

Soiron, Th. *Die Kirche als Leib Christi*. Düsseldorf, 1951.

Spülbeck, J. *Der Christ und das Weltbild*. Berlin, 1957.

Staerk, W. *Soter. Die biblische Erlösungserwartung als religionsgeschtliches Problem*, Gütersloh, 1933.

Stange, C. Die Bedeutung des Christentums für den modernen Menschen, in *Zeitschrift f. systematische Theologie, 8* (1938), p. 446-500.

_____. Philosophische und theologische Stellungnahme zur Welt, in *ZSyTh 15* (1938), p. 570-601.

Stauffer, E. Das theologische Weltbild der Apokalyptik, in *ZSyTh 8* (1930/31), p. 203-215.

Steiners, R. *Ideen der Christusgemeinschaft.* Friedrich Rittelmeyer, sem data.

Stephan, H. *Glaubenslehre. Der evangelische Glauben und sein Weltverständnis*, Berlin, 1941.

Surian, C. *Desiderio desideravi.* Petrópolis: Vozes, 1957.

Taylor, V. *Forgivness and Reconciliation. A Study in New Testament Theology.* London, 1948.

Thorton, L. S. *The Incarnate Lord.* London, 1928, p. 28-110.

Topisch, E. Kosmos und Herrschaft, in *Wort und Wahrheit 10* (1955), p. 19-30.

Unger, E. *Christus und der Kosmos.* Exegetische religionsgeschichtliche Studie zu Kol 1, 15 ff, Wien, 1953.

Vander Meer, J. *Majestas Domini*, Città del Vaticano, 1938.

Vereno, M. Von der Allgegenwart der Kirche, in *ThQ 138* (1958), p. 385-427.

Viard, A. Expectatio creaturae (Rm 8, 19-22), in *Revue Biblique 59* (1952), p. 337-354.

Virgulin, S. L'origine del concetto di pléroma in Ef 1, 23, in *Analecta Biblica 17-18* (1963), 39-43.

Völk, R. *Christus und Welt nach dem Neuen Testament.* Würzburg, 1961.

Vögtle, A. *Das NT und die Zukunft des Kosmos.* Düsseldorf, 1969.

Wagenführer, M. A. *Die Bedeutung Christi für Welt und Kirche.* Studien zum Kolosser und Epheserbrief, Leipzig, 1941.

Walter, E. *Christus und der Kosmos.* Auslegung von Eph 1, 10. Stuttgart, 1948.

Warnach, V. *Kirche und Kosmos.* Enkainia (Festschrift zum 800 jährigen Weihegedächtnis der Abteikirche Maria Laach) edit. Hilarius Emonds, Düjsseldorf, 1956, p. 170-205.

Weinel, H. *Biblische Theologie des NT.* Tübingen, 1928, 506 ff.

Wendland, H. -D. *Kosmos und Ekklesia* (Festch. a W. Stählin) Kassel, 1953.

_____. Die Weltherrschaft Christi und die zwei Reiche, *in Kosmos und Ekklesia, op. cit.* 23-39.

Wells, H. *The Christic Center. Life-Giving and Liberating.* Nova York: Orbis Books, 2004.

Whiteley, E. H. Ephesians 6,12 Evil Power, *in Expository Times*, 1957, p. 100-103.

Wingren, G. Welt und Kirche unter Christus, dem Herrn, *in Kerygma und Dogma 3* (1957), p. 53-60.

Witte, J. L. Die Kirche "Sacramentum unitatis" für die ganze Welt, *in De Ecclesia* (edit. por G. Baraúna), Freiburg-Basel-Wien, 1966, p. 420-457.

Wollinski, J. Le Panchristisme de Maurice Blondel, *in Teoresi 17* (1962), p. 97-120.

Zilles, U. A Cristologia numa Mundividência Evolucionista, *in Revista Vozes 61* (1967).

Zwann, J. Paulinische Weltanschauung, *in Zeitschrift für.* Systematische Theologie 8 (1930/31), p. 539-578.

OBRAS DO AUTOR

Jesus Cristo libertador. Petrópolis, Vozes.
A Nossa Ressurreição na Morte. Petrópolis, Vozes.
Vida para além da morte. Petrópolis, Vozes.
O destino do homem e do mundo. Petrópolis, Vozes.
Os sacramentos da vida e a vida dos sacramentos. Petrópolis, Vozes.
A graça e experiência humana. Petrópolis, Vozes.
Teologia da libertação e do cativeiro. Petrópolis, Vozes.
Natal: a humanidade e a jovialidade de nosso Deus. Petrópolis, Vozes.
Paixão de Cristo – Paixão do Mundo. Petrópolis,Vozes.
O rosto materno de Deus. Petrópolis, Vozes.
O Pai-Nosso. A oração da libertação integral. Petrópolis, Vozes.
A Ave Maria. O feminino e o Espírito Santo. Petrópolis, Vozes.
Francisco de Assis – ternura e vigor. Petrópolis, Vozes.
A trindade, a sociedade e a libertação. Petrópolis, Vozes.
O caminhar da Igreja com os oprimidos. Petrópolis, Vozes.
A Santíssima Trindade é a melhor comunidade. Petrópolis, Vozes.
Francisco de Assis: o homem do paraíso. Petrópolis,Vozes.
A águia e a galinha: uma metáfora da condição humana. Petrópolis, Vozes.
O despertar da águia: o dia-bólico e o sim-bólico na construção da realidade. Petrópolis, Vozes.
Saber Cuidar. Ética do humano – compaixão pela terra. Petrópolis, Vozes.
Depois de 500 anos: que Brasil queremos. Petrópolis, Vozes.
Ética e moral: a busca dos fundamentos. Petrópolis, Vozes.
A hospitalidade: direito e dever de todos, coleção Virtudes para um outro mundo possível, vol. I, Petrópolis, Vozes.

Convivência, respeito, tolerância, coleção Virtudes para um outro mundo possível, vol. II, Petrópolis, Vozes.

A comensalidade: comer e beber juntos e viver em paz, coleção Virtudes para um outro mundo possível, vol. III, Petrópolis, Vozes.

Experimentar Deus: a transparência de todas as coisas. Campinas, Verus.

Crise: oportunidade de crescimento. Campinas, Verus.

Via-Sacra para quem quer viver. Campinas, Verus.

A cruz nossa de cada dia: fonte de vida e ressurreição. Campinas, Verus.

Ética e eco-espiritualidade. Campinas, Verus.

Novas formas da Igreja: o futuro de um povo a caminho. Campinas, Verus.

São José: a personificação do Pai. Campinas, Verus.

Brasa sob cinzas. Rio de Janeiro, Record.

Igreja: carisma e poder. Rio de Janeiro, Record. Edição ampliada com a documentação.

CO-AUTORIA

Como fazer Teologia da Libertação? (com Clodovis Boff) Petrópolis, Vozes.

Mística e Espiritualidade (com Frei Betto). Rio, Garamond.

Espírito na saúde (com Jean-Yves Leloup, PierreWeil, Roberto Crema). Petrópolis, Vozes.

Os terapeutas do deserto. De Filon de Alexandria e Francisco de Assis a Graf Dürckheim (com Jean-Yves Leloup). Petrópolis, Vozes.

Princípio de compaixão e cuidado (com Werner Müller). Petrópolis, Vozes.

Globalização: desafios socioeconômicos, éticos e educativos (com Marcos Arruda). Petrópolis, Vozes.

Terra América: imagens (com Miranda, Marco Antonio). Rio de Janeiro, Sextante.

Masculino, feminino: experiências vividas (com Lúcia Ribeiro). Rio de Janeiro, Record.

INFANTO-JUVENIS

O casamento entre o céu e a terra. Contos dos povos indígenas do Brasil. Rio de Janeiro, Salamandra.

O ovo da esperança: o sentido da festa da Páscoa. Rio de Janeiro, Mar de Idéias.

O sol da esperança. Natal: histórias, poesias e símbolos. Rio de Janeiro, Mar de Idéias.

Este livro foi composto na tipologia Rotis Serif,
em corpo 11/15,6, e impresso em papel off-white 80g/m²
pelo Sistema Cameron da Distribuidora Record
de Serviços de Imprensa S. A.